本书为北京市中小学名师工程成果

名师工作室成果文库

高中英语阅读教学研究与实践

GAOZHONG YINGYU YUEDU JIAOXUE
YANJIU YU SHIJIAN

吕寅梅 著

光明日报出版社

图书在版编目（CIP）数据

高中英语阅读教学研究与实践 / 吕寅梅著. --北京：光明日报出版社，2019.9
ISBN 978－7－5194－5550－7

Ⅰ.①高… Ⅱ.①吕… Ⅲ.①英语—阅读教学—教学研究—高中 Ⅳ.①G633.412

中国版本图书馆 CIP 数据核字（2019）第 208884 号

高中英语阅读教学研究与实践
GAOZHONG YINGYU YUEDU JIAOXUE YANJIU YU SHIJIAN

著　　　者：	吕寅梅		
责任编辑：	杨　娜	责任校对：	赵鸣鸣
封面设计：	中联学林	责任印制：	曹　净

出版发行：光明日报出版社
地　　址：北京市西城区永安路 106 号，100050
电　　话：010－63139890（咨询），63131930（邮购）
传　　真：010－63131930
网　　址：http：//book.gmw.cn
E－mail：yangna@ gmw.cn
法律顾问：北京德恒律师事务所龚柳方律师

印　　刷：三河市华东印刷有限公司
装　　订：三河市华东印刷有限公司
本书如有破损、缺页、装订错误，请与本社联系调换，电话：010－63131930

开　　本：170mm×240mm
字　　数：201 千字　　　　　　　印　　张：15
版　　次：2019 年 9 月第 1 版　　印　　次：2019 年 9 月第 1 次印刷
书　　号：ISBN 978－7－5194－5550－7
定　　价：58.00 元

版权所有　　翻印必究

前　言

　　一位教育家曾说："一切最好的教育方法，一切最好的教育艺术，都产生于对学生无比热爱的炽热心灵中。"成功教育没有捷径，它全部的秘诀就是爱。只有爱学生，才会关注学生的发展。刚担任教师的时候，老教师们常常跟我说，教师这个行业是无私奉献的行业，是为了帮助学生成长，就像梯子，让学生蹬着向上走。如果能承受得了这种感受，你就做教师；如果不行，你就早点改行。听到这样的话，我心里很不是滋味，心想我的价值体现在哪里？学生经过三年高中学习，考上了大学，开始了人生的新阶段，而我呢？又回到高一，重复起了以往的工作。这样的工作哪里有挑战性？没有挑战性，哪里有成功的喜悦？渴望成功的我有些迷惘了。看到学生进步我为他们高兴，但同时也为自己没能像他们一样进步而感慨。幸运的是，后来有一件事使我改变想法。2002年我担任高一的班主任，当时我已经当过几任班主任，对这项工作早已没有新鲜感了，所以工作动力不是很大，对那些问题生难免有些不耐烦。当时有一个学生聪明好学，成绩非常好，但是非常自私，缺乏责任心，经常逃值日，说过他很多次后，他还是照逃不误。我非常生气，有一次他又没擦黑板，我便狠狠地训了他一顿。我记得训他的最后一句话是："你这种做事态度，学习好有什么用？"没想到他竟然回了一句："学生的价值就在于成绩好，老师的价值就在于学生管得好。您不就是觉得没管好我才这么生气吗？"我忽然觉得有点启发，但也说不出什么来。我接着问他为什么有这种想法。他理直气壮地说，他初中时有个老师就是因为管班管得好被提拔成校领导的；当了领导，老师的价值就体现了。我又接着问学生为什么要学习好。他说要考好大学，将来挣大钱。听了这句话，我倒吸了一口冷气。他的想法怎么会这么世俗？我觉得我和这个学生都有问题，都没有认清各自的价值是什么。我没有认清教师的价值，这使我工作没有动力。一个学生认识不到自身的价值，对他今后的成长会很不利。挣了大钱他也许会生活得很好，但如果所有人都这么想，那我们这个民族、这个国家还有什么希望？我当时想一定要改变他的价值观。但要改变他，就要找到他这种观念形成的原因。经过调查，我了解到他的家庭对他影响很大。他父母都是普通工人，在单位里有时被欺负，经常会在家里说一些抱怨领导的话。他听到耳里，记到心里。家庭生活水平不高，他从小羡慕其他孩子可以学各种才艺、上辅导班、出国度假、有好多玩具和手机以及MP4等用品，于是他认为有钱有地位就是好的。他的成长过程给了他不少无奈，所以会有这么消极的思想。在以后的工作中，我就制造机会，让这个学生看到没有钱生活也会很美好；没有很高的社会地位，一样会受到尊重。例如我让学生们用废弃的饮料瓶做风铃布置教室；请普通工人作为家长代表讲话，讲述她教育孩子成才的经历；让学生们观察学校保安、保洁人员辛勤工作的情景。在这些活动中，我让这个孩子负责某些环节，让他亲身去感受、去发现。慢慢地，他开始认真做值日了，和同学的关系好转了，还主动要求当了课代表……我看到了他的进步，他的改变使我看到了他的成长，这种成长是思想的进步，行动更胜过语言。几年以后，他考上了北师大，还回到学校看我，神采飞扬地给我讲他在北师大竞选学生会主席的事情。我有些庸俗地想，他这样做是不是为了提高社会地位。他很聪明，看出了我的想法，笑着说只是想多些阅历，让自己活得更有意思。我放心地笑了。他的改变使我欣喜，更重要的是，我找到了教师的价值。这个教育经历我终生难忘，因为我也从中得到了教育。我理解了教师这个职业的内涵：学生的成长和进步就是教师价值的最大体现。学生的成长和进步不是一触即发的，需要老师潜移默化、日久天长地引导，这种教育的过程就是教师价值体现的过程。悟出了这个道理，我看到了自己的成长。从教多年，我慢慢形成了自己的教学教育理念。

共同成长

一位教育家说："老师要用自己的人格魅力去吸引学生。"教师应具备强烈的人格魅力，只有拥有渊博的专业知识，才能让社会和学生肯定自己的个人威信。我深知，课堂教学是塑造学生健康心灵的主阵地和主渠道，应该在课堂教学中积极渗透情感教育，激发学生情感，努力营造和谐、民主的课堂心理氛围。没有谁会喜欢一个处处冒着旧时代气息和故步自封的老师。世界日新月异，社会在飞速发展，我们应该尽量地融入时代的大潮中来。要有一颗热爱学生的心，要有积极进取的精神，在实践中不断探索、不断进步。教学上也是如此，语言是与时俱进的文化，新的语言层出不穷。随着现代化媒体的流行，语言学习的途径无处不在。有时候，某个学生会冒出我不认识的单词，在这个时候，我选择向学生学习，询问学生具体的内容和来源，或者让他给全班讲，以扩大获取新知的群体。同时，学生能力的增长也促使我扩大学习途径，不断学习。

承担责任

我告诉我的学生，我们到学校是为了学会两件事：一是要学会做人；二是要学会做学问。人人有事做，事事有人做；时时有事做，事事有时做。2010年我带了一个新班，开学伊始，我让同学们写自我介绍，同时写出了自己在班里愿意担当的职务。班长、团支部书记、组长、课代表分别由全班同学和全体团员自荐产生，而后以他们为核心，组成了班委会和团委员会，并针对班团发展的所有管理事宜（诸如学习、卫生、仪表、出勤、纪律、活动等）进行了明确分工。每个人都是班里的一分子，每个人都有自己的工作。如此做法，为的是扩大班级中坚力量，同时形成既合作又竞争的活泼向上的班风，从而逐渐激发学生的自律意识，培养学生的自我管理能力。小组长和课代表的工作也不容忽视。小组长负责本组同学的日常行为规范检查，包括作业、纪律、出勤、值日等。课代表负责和任课老师联系，反映同学们的建议和学习困难，帮助全班同学学好这门功课。小组长和课代表也会根据同学们的要求适当调整，这样班级的日常管理也就充满个性和活力。班干部"动"起来了，班级的工作充满了勃勃生机。每个学生都有自己的职责，整个班级的工作靠所有人来完成。没有人觉得自己是外人，班级的凝聚力得到了加强。

终身学习

一位教育家说："发展是一个发展人的过程，而这些人之后可以发展事物。"无论是实现学生发展目标，还是学校的发展目标，教师是根本保障；而教师发展成功的关键就是学习，"学习的新理念的发展将是21世纪成功的必要因素"。为了提高自己的业务水平，一方面我经常向老教师虚心请教，共同探讨业务知识；另一方面通过互联网了解其他学校和国内外的外语教研动态。在实践中，本人将所学的新知识、新教法积极地应用在课堂上。我一直觉得，教师要勇于做终生的学习者。在教授学生之余，自己能够学习和获取新的知识让我幸福满满。2007年，利用产假休息的时间，我学习了国内外的英语教学著作，并做了详细的读书笔记，包括《新编简明英语语言学教程》（戴炜栋总主编，上海外语教育出版社），《外语学习与教学导论》（Keath Johnson 著，外语教学与研究出版社），《英语教学法教程》（王蔷著，高等教育出版社）。那一年，我经过努力，考上了北京师范大学在职教育硕士研究生班，开始一边工作一边学习。在三年的时光里，我很辛苦，工作家庭均有重担要承担，有时候真是累得直不起腰来，但书本把我垫得很高，收获的知识和自信让我受益终生。读书一方面帮我发现了以前教学中的问题，为我以后的教学提供了借鉴，另一方面阅读和学习英文原版书籍也帮我巩固了自己的英语基础。现在我每年都要阅读几本英文原版小说和教学专著，为教学寻找素材和灵感，也让自己成为一个英语的学习者。这样，我就同时具有了教师和学生的身份，可以从不同的角度审视自己的教学。这，当然也是一种乐趣。

目 录
CONTENTS

第一章 教学随想 …………………………………………… 1
  一、教师与学生的道德交流 1
  二、意志力造就自我 6
  三、对中外课程中"人"要素的关注与解读 10
  四、培养英语思维，提高英语成绩
      ——英语学科优秀生培养策略的探索 16

第二章 阅读教学相关理论研究与实践 …………………… 22
  一、阅读教学中的思维培养 24
  二、基于阅读文本的项目式学习教学初探 27
  三、基于英语学习活动观的阅读课教学设计 33
  四、引导学生形成良好的英语阅读习惯 42
  五、培养学生文体意识，提高英语阅读素养
      ——高中英语阅读课第二课时教学设计探索 50
  六、建构主义指导小说阅读，培养高中生英语核心素养
      ——一节《小说鉴赏》阅读课的教学设计 56
  七、在阅读教学中培养完形填空的解题能力初探 62
  八、基于原版教材课文的高中英语课外活动探索 72

九、阅读教学中教师的角色 Chinese Teachers' Roles in Teaching Reading　78

十、基于阅读文本的词汇教学 Text – based Vocabulary Teaching in Senior Middle School　92

第三章　阅读教学特色案例……………………………………**108**

一、读写结合案例：人教版高中一年级必修四第 5 单元 Theme Parks— Fun and More Than Fun（阅读第二课时）　108

二、阅读深层次理解思维培养案例：校本教材 New Headway English Upper Intermediate Unit 2 Been there，Done that　113

三、基于可持续性发展教育观的阅读课教学探索　118

四、基于阅读文本的情境化语法教学　129

五、基于阅读文本的词汇教学　136

六、听力阅读双重输入的听说教学　143

第四章　阅读相关课题研究……………………………………**155**

一、通过网络阅读提高中学生课外阅读能力的行动研究　155

二、高中英语阅读教学课外延伸的探索与实践　202

三、通过原版小说阅读培养高中学生英语学习能力的行动研究　218

后　　记………………………………………………………**227**

第一章　教学随想

一、教师与学生的道德交流

《提升教师的教育境界：教学的道德尺度》这本书对"学校教学中的道德"进行深入剖析，提出了教育专业化、自由诚信原则、公立学校的道德责任、专业问责等理念，对每一位一线教师都有十分重要的借鉴意义。我们无论读什么书，读过之后，总会有那么一两句一直萦绕我们的脑海，这其实就是这本书留给我们的最深印象。读《提升教师的教育境界：教学的道德尺度》（以下简称《教学的道德尺度》）第八章《教师与学生：课堂中的道德交流》时，"教师的权力并不是绝对的，尽管情况一直如此。根据法律、传统以及道德规范，教师对自己的行为与决策负责。教育就是负责任地予以引导，即在那些会对学生有益，也对社会有益的方面影响他们的知识、技能与性格，并且采取道德上合理的方式来实现"这句话和后面读到的几个案例，让我感到很熟悉，类似的情形我也经历过。课堂中的诚实、尊重和引领让我感悟最深。

诚实

《教学的道德尺度》第八章里关于诚实的案例老师们都有过类似的经历，应该都能够做出正确的处理。但我觉得，关于这个品格的培养，在日常的教学瞬间都有教育的契机，值得我们教师思考。所有老师都知道，教书不仅要传授知识，更重要的是教会学生做人。诚实是所有品格的基础。在课堂上空洞地谈诚实，不会给学生留下什么印象，如果能把教学内容和道德培养结合起来，在教学中一点一滴地渗透品格培养，那就是最有效的。小学五年级的作文老师刘汉鼎是我终生难忘的一位老师。我很幸运，在五年级的时候能有两位语文老师，一位王老师，负责语文的常规课，一位就是这位刘老师，只教作文。刘老师是王老师的师父，已经退休了，教我们的时候他已62岁，他教我们一方面是为了指导王老师，一方面完全出于爱好。我们很爱上他的课，因为有很多故事可以听，有很多好玩的事情可以做。现在想来，那是他为了激发我们这些混沌头脑里的点点灵感而采取的技巧。有一次，学完了一篇关于雪景的课文，他让我们写一篇作文，题目是《雪后的校园》。我们仿照课文的内容，借用课文的一些句子，写了一篇我们认为语言很美的作文，结果挨了一顿批。他批评我们的作文不真实，我们感觉到他极其不喜欢我们这种课文至上的做法。现在想想，也许是因为他是"文革"受害者的原因。他说了很长一段话，我已经记不清每个字了，大意是要做一个诚实的人，每件事情都要实实在在地去做。做学问也是做事情，也要真实。语言是为内容服务的，要有写作的内容，基于内容再寻求相应的表达。而写作的内容是什么？是生活，写作的来源是对生活用心的观察。为了让我们有真实的感受，有一次，下过雪以后，他让我们坐在教室里看外面的校园，认真地看，有感觉了，有内容了，再写作文。这一次的作文大不一样了，有人写了雪后同学们是如何上体育课的，有人写了工人是如何扫雪的，我写了学校的锅炉房放出的蒸汽是如何和雪景相映成趣的。来自真实生活的作文是那么动人，那么有趣，写作不再是一件难事了。时至今日，不论是写总结还是写论文，我都不觉得难，因为刘老师教会了我从生活中寻找写作素材，有生活就会有感悟；这种思维让我受益终生。诚实这种品格也一直伴随着我，不管是做学问，还是做人。作为教师，我们在课堂上的言行都在影响着学生的道德观念，我们要做一个诚实的人，学生才会认为诚实是一种可贵的品格。上个学期我做了一节公开课，内容有些难度，对一些学习能力不是很强的学生来说，接受起来有些困难。如果我为了彰显教学效果，只提问学习好的同学，那么给所有学生的感觉就是老师不诚实，只求表面效果。虽然有其他老师在场听课，我还是希望学生这节课是在学习，而不是在表演。我根据问题的难度提问不同水平的学生，既不伤害学生的自尊，又让学生体会学习的内容。有的同学答不出问题，我就改变问题的提问方式，尽量简化问题，同时引发学生思考，在我的引导下说出答案。这样，在节奏上可能显得慢下来了，在效果上好像学生不是对答如流，但我心里很坦然，我的学生在这节课上学到了知识，这是一节真实的课堂。他们尊敬我，他们会像我一样做个诚实的人。

尊重

《教学的道德尺度》第八章关于尊重的案例我非常同意。课堂中有的时候学生会有和教师设想的内容相悖的观点和行为出现，作为人的本能，我们的情绪可能会出现"惊讶，恼怒，急躁"等瞬间反应。这些负面的反应如果不加以控制，很可能会扩展成教师与学生的冲突。这种冲突只会降低教师威信，对教师、对学生都毫无益处。所以教师要学会反思，从尊重学生的角度化解危机，分析学生的观点和行为的意愿，使这种表面上的不和谐朝积极的方面发展。我现在一直与大学时的吴老师保持着很好的联系，因为她一直是我的良师益友。其实吴老师在大学时只教了我一门课、一个学期。那门课是大四的《语言学导论》，我的很多同学那时已经开始找工作了，所以对这种纯理论的课不是很上心，我有时也是"心有旁骛"。有一次，我正在想事情，她忽然提问我，我一时情急，就把书上关于这个问题的那段文字直接用英文翻译过来了（书是用中文写的）。很显然这不是她要的答案，说明我在应付。可是吴老师并没有批评我，而是表扬了我，她认真地说："这位同学一边看书一边就翻译出来了，而且很准确，说明对这一点理解得很好。搞研究就要中英文书都看，两种语言转化的过程就是理解的过程。"那一幕我现在还记得，一个老师对一个不用心的学生的宽容和尊重使我惭愧。课后她主动找我交流，了解我的问题并跟我聊了这门课程。她对研究的见解也让我思考，在后来的课上我真的很用心，也学到了吴老师传授的方法：对于理论课的学习，必须博览群书，读书不是目的，而是手段。我上课不认真听讲在先，可吴老师对我的尊重使我对她产生了极大的尊重。我发誓要把这门课学好。我每天都去图书馆查阅有关这门课的书籍，中文的、英文的，国内学者、国际学者关于语言学的理论我都去学习，然后再比较、分析。就这样，一门本来让我很头疼的理论课，竟被我学得深入浅出。一个老师对犯错误学生的尊重换来了自己的威信和学生认真的学习态度，这才是教师的智慧，这才是课堂上的道德交流。在我自己的教学生涯中，批评是一种常用的教育手段，但也是最容易伤害学生的手段。要保护学生敏感的自尊，批评时不宜过于尖锐刻薄，穷追不放，只需"七分"，点到为止，尤其是在学生犯一些小错误时，则更要"不过七分，须含蓄以养人之愧"。例如学生课堂开小差，做一些不应该做的事情，只需一个眼神、一个动作之类的含蓄暗示就足够了。同时，批评不是目的，真正的目的是要消除不良行为。有一年运动会过后，我们班得到了一个篮球作为奖品，大家都非常高兴。一天下午，我们班一个男生在班里玩这个篮球，影响了环境卫生。我在给他讲了个人与集体的关系后，考虑到他文笔不错，就让他写一份倡议书，号召全班同学为创造一个良好的学习生活环境而努力。这样，他为班里做了一件好事，大家没有因为他的错误而讨厌他，反而很感激他。于是，坏事变成了好事。

引领

教师就像火车头一样，指引着方向，带动着车厢。多年担任班主任的我，积极引导学生去自主开展各种班级活动。2010年9月，我担任一个文科班的班主任，那是高二刚刚组建的新班，班里同学来自两个校区，十个不同的教学班。建班之初，同学们都很生疏，课堂气氛很沉闷，班级工作没有人愿意承担。期中考试前后，学校分配给我们班一个演话剧的工作，主题是垃圾分类。这个难住了大家，因为我们班是文科班，而垃圾分类和化学生物关系很大。我观察了学生的反应，发现虽然有难度，但同学们听到要演话剧的消息都很兴奋。我忽然意识到这是一个契机，让大家可以共同地去搞一个大型的工程——写剧本、排练、演出，每个人都有任务，每个人都可以有角色，这是一个多么好的增强班集体凝聚力的机会啊！于是，我让班干部布置工作，给同学们分工，让每个人都动起来，增加了同学们合作的机会。经过班干部的努力，每个人都有了自己的工作，每个人都为这个话剧努力起来了。那段日子，学生们很忙，但很充实。经过大家的努力，我们班共演出了三次：北京市垃圾分类会议；校化学月活动；英特尔可持续性发展会议。每一次都很成功，每一次都很轰动，每一次同学们都为自己和身边的同学鼓劲。大家开学初的陌生感和距离感消失了，彼此的心灵打开了。从那以后，班里的卫生、学风、班风良好，也从一个侧面体现了组织丰富多彩的集体活动，对于提高班集体凝聚力、战斗力所起的巨大作用。

英语有一个词语"shape one's character（塑造人的性格）"，shape这个词很形象，本意是"形状"，如果能什么事情能把人的性格变成某种形状，那这件事情太重要了。学校就是一个能够培养学生性格的地方，而性格的培养在一定程度上要依靠老师在课堂上与学生的道德交流。从这个意义上说，我们老师太重要了。真心地希望师德高尚的老师能培养出更多德才兼备的学生。

真心地希望我们的工作能让学生受益更多，愿学生的思维更全面，愿学生的明天更美好！

二、意志力造就自我

假期读书是个好习惯，可以一边读书一边回忆自己这半学期的学习和工作，是个很好的总结机会。书中有一段话吸引了我："一个人不可能超越所有的人，但可以超越自己。只要你能够从决定人生成功的重要因素如品格、心态、自信心、意志力、习惯等方面入手，由内而外全面造就自己，那么，你将成为职场上的卓越人士，你和你所在的组织将获得最大的回报。"意志力能够决定我们在面对困难、失败、诱惑时的态度，看看我们是倒了下去还是屹立不动。如果你想减轻体重、如果你想重振事业、如果你想把任何事做到底，单单靠着"一时的热劲"是不成的，你一定得具备意志力方能成事。因为那是你产生行动的动力源头，能把你推向任何你想追求的目标。具备意志力的人，他的行动必然前后一致，不达目标绝不罢休。通往成功的道路往往是充满荆棘、坎坷不平的，会有许多障碍险阻，这就需要培养顽强的意志力。古往今来的无数事告诉我们，高成就的人除了在理想、信念、进取心、自信心方面明显高于一般人之外，还在心理承受能力、不屈不挠的意志等方面明显高于普通人。有成就、有作为的人无不具有顽强的斗志和坚韧不拔的意志力。我国古代大医药学家李时珍写《本草纲目》花费了 27 年；进化论创始人达尔文写《物种起源》用了 15 年；天文学家哥白尼写《天体运行论》用了 30 年；大文豪歌德写《浮士德》用了 60 年；马克思写《资本论》用了 40 年……这些中外巨人的伟大成果无一不是理想、智慧与意志力的结晶。还有一些科学家为坚持真理付出了鲜血与生命，例如塞尔维修发现了血液循环，被宗教徒活活烤了两小时；布鲁诺提出了宇宙无限，没有中心的思想，被罗马教廷关了7年，最后被判火刑。顽强的意志力是他们成为巨人的一个必备条件。意志力是心理学中的一个概念，是指一个人能自觉地确定目的，并根据目的来支配、调节自己的行动，克服各种困难，从而实现目的的品质。有人说："从某种意义上说，意志力通常是指我们全部的精神生活，而正是这种精神生活在引导着我们行为的方方面面。"意志力是人格中的重要组成因素，对人的一生有着重大影响。人们要获得成功必须要有意志力作保证。孟子说："天将降大任于斯人也，必先苦其心志，劳其筋骨，饿其体肤，空乏其身，行拂乱其所为，所以动心忍性，曾益其所不能。"这段话说明了意志力的重要性。要想实现自己的理想，达到自己的目的，需要具有火热的感情、坚强的意志、勇敢顽强的精神，去克服前进道路上的一切困难。优秀的运动员必须具有顽强的意志品质，才能夺取金牌。我们经常教育学生要有毅力，要有坚强的意志品质，我们老师也如此，回顾这半年来，意志力真的使我有了超越自我的感觉。

　　意志力也叫毅力，是人们为达到预定的目标而自觉克服困难、努力进取的一种意志品质；毅力是人的一种"心理忍耐力"，是一个人完成学习、工作、事业的"持久力"。当它与人的期望、目标结合起来后，它会发挥巨大的作用；毅力是一个人敢不敢自信、会不会专注、是不是果断、能不能自制和能不能忍受挫折的结晶。2011年8月至11月，我有幸参加了北京市高中教师基本功展示活动。那年我任教高三年级，而且还担任了高三文科实验班的班主任，每周14节课，周日全天补课，周一负责晚自习。这些工作已经占据了我大部分的时间，所以一度有退出比赛的想法，但教研员对我的期待和其他参赛老师的鼓励使我坚持了下来。那几个月，真是做了几年的事情，学校的课刚一忙完，马上开始准备考试的内容，有几本书的内容要阅读，要消化，要在教学设计中体现。每周二下午去教研中心学习，经常学到很晚，回来的时候经常堵车，在车上计划第二天的课怎么上，回家再做课件，写教案，一忙就到了深夜。邻近比赛的那个月，每个周末都在平谷、蟹岛的会议和培训中度过。每天晚上都要熬夜，比赛的那几天，更是 24 小时不能休息。对于 37 岁的我来说，真的从精神到体力都是一种超越。回忆那段日子的摸爬滚打，有辛苦、有快乐、有紧张，但更多的是收获。

能参加那个比赛，真的很幸运。说到幸运，那年是我工作的第 14 个年头，我已经进入了事业的瓶颈期，厌教的情绪经常困扰着我。假期结束，一想到要开学了，我就很烦躁，很焦虑。多年繁忙的工作使我的口语、词汇都有了很大的退步，有时候也想去进修，但总是以工作忙、家里事多而推托。慢慢地觉得自己能力越来越差，看到英语基础很好、从小在国外长大的学生就很紧张，不知道如何开口，对自己的教学越来越没有信心。这次的展示活动，我觉得最有效的是每次的备课和研讨活动。指导老师和参赛老师们都非常优秀，每次研讨前，大家都非常认真地准备，希望把教材吃透，把每一节课讲好。为了跟上大家，我也要认真对待这次活动，这样就逼着我要学很多东西，并把学到的东西运用到教学设计中。在研讨中，老师们对我的课提出了中肯的意见并展开了热烈的讨论，其中有不少智慧的火花，对我启发很大。在一次次的备课、研讨中，我的教学理念和教学水平有了很大的提高。更重要的是，我的信心慢慢地恢复了，见到学生也没有那么紧张了。

另外，在那次展示活动的准备中，我们研讨得最多的是阅读课和与阅读课相关的词汇、写作、语法课。阅读课我上了很多年，但从没有那么细致地思考过，总觉得已经有了一定的套路了，很好处理。但经过那段时间的研讨，我发现自己原来在概念上有很多模糊的东西。怪不得有的时候总觉得学生跟不上，达不到我预期的效果，原来是自己脑子里有一些不清楚的东西，所以给学生的指令不清。找到了自己的问题让我很欣喜，我现在教高三，使用教材讲阅读的机会不多，但在下一轮的教学过程中，我就可以想办法纠正这些问题了。对一些已经很熟悉的课文我也有了新的理解，期待着在下一轮的教学中能够进行实践。

多年的教书工作已经把我磨炼得没有了教学的激情，我很庆幸这次的基本功展示活动让我发现了自己的问题，也找到了教学的乐趣。

在所有的成功者中，有没有意志力、坚强不坚强，起着决定性的作用；而对失败者来说，缺乏毅力几乎是他们共同的毛病。所以毅力这个东西极其重要，也很可贵。意志力会帮助你克服恐惧、沮丧和冷漠；会不断地增加你应付、解决各种困难问题的能力。意志力也帮我解决了我的问题。11月初，忙完了基本功比赛的事情，没有时间休息，我就投入了另一件艰难工作中。今年是我在北京师范大学读在职研究生的第三年，要交30000字以上的毕业论文，而且要参加答辩。假期的时候已经写完了初稿，交给导师，但开学后一直在准备基本功比赛和上课，根本没有修改。眼看12月底就要答辩了，有的同学劝我今年就算了，明年再说吧。他们认为，我教高三，每天上课、备课、辅导就已经把时间占得满满的了，而且前几个月的基本功比赛已经对我的体力和脑力消耗很大了，再完成这么"巨大的工程"是不可能的。我的同学们有的把课停了，本学期专门来弄论文，有的住在北师大里，天天找导师讨论他们的论文。而我，白天要上课，晚上要看孩子。我也有过退缩的念头，但一想到已经读了两年了，开题报告已经写完一年了，实验也做完了，数据也收集了，如果这时放弃就前功尽弃了，所以决定咬牙坚持。于是每天又开始了白天在学校工作，晚上在家写作的日子，而且一有时间就去北师大图书馆看书、查资料。经常是上午在学校上完课去北师大，下午再赶回来看自习、答疑辅导。那两个月又是一段煎熬，一种磨炼，对自己的体力和心理又是一种提升和超越。好在两个月后我的辛苦终于有了回报，我顺利地通过了论文写作和答辩，拿到了北师大硕士毕业证书。这不仅仅是学历上的提高，更是一个超越自我的过程。

拿破仑说，达到目的有两个途径，即势力与意志力，势力只为少数人能有，但意志力却是所有人都具备的，它的力量往往可以随时达到无可抵抗的地步。我的意志力使我突破了我自己，也使我更相信我自己了。

三、对中外课程中"人"要素的关注与解读

研究背景

我国著名的比较教育研究专家顾明远教授说过："比较教育是对当代世界不同因素或不同地区的教育进行比较分析，找出教育发展的一般规律和特殊规律，为本国或地区的教育改革作借鉴。"2013年9月至2013年12月，我有幸作为助教，参与了"高中生英文公共演讲与高效交流"这一课程。在这一过程中，我领略了外教执教的风采，目睹了学生在这一课程指导下的成长，也反思了自己日常教学的缺点与不足。在这一课程中，我和学生在共同地学习，也在共同地进步。这几个月的学习，对于学生和我的思想、学习与工作都有着深远的影响。这种随堂观摩式的学习模式，使我置身于真实的教育现场中认识、体会、反思、提升自身的国际化能力，领悟国外教育中的先进理念及其具体实施的途径和方法。通过比较教育研究，我找到了教研的新思维。中外课程在教学内容、学生发展、教师参与方面有很大的差异，引发我不断地思考。

几个月的观摩和辅助外教教学，使我有了一个很突出的印象：外教的课程更重视学习者的主观因素，这与西方教育中的人本思想非常吻合。强调发展人的潜能和自我实现的观念，主张教育是为了培养有创造力的人，使每个学习者都能达到满足感和成就感的最佳状态。

（一）"以人为本"——教学内容符合学生能力

"高中生英文公共演讲与高效交流"这一课程开课之前，外教要求

对学生进行选拔。我们在全年级挑选了 20 名学生参加学习，但外教还要对这 20 名学生进行能力测试。如果这些学生都能通过测试也罢，如果通过不了，那对学生的心理打击将会是巨大的。多年的教师生涯让我对学生充满了怜悯，不愿伤害学生的感情。很多中国教师也像我一样，会尽量保护学生的学习热情。不是说西方"以人为本"吗？我心存疑惑。同时，我也很好奇，不知道对语言能力的测试要怎样进行。语言能力是一种心理特质，具有无法观察性，因此，语言能力指标要通过一定的形式表述出来，语言能力的表述形式是外语能力标准的形式层面。外语能力标准通常是内容和形式的结合体，这样的测试在高中层面似乎太难设计了。那次测试的内容包括写作、阅读和话题口语讨论，最终只有 14 名学生达到了课程要求的标准，有机会参加这一课程的学习。

开始我们认为外教有些苛刻，既然这 20 名学生有参与学习的热情，为什么不能满足学生的需求呢？难道他们不知道保护学生的学习兴趣吗？但随着课程的推进，我逐渐理解了外教的理念：这一课程的设置对学生的语言能力有一定的要求，如果学生能力不够，他在课上就不能跟上课程的进度，就完成不了他的任务，那么他从这个课程中就不会有所收获，那么他的自信心和学习热情都会备受打击。不让学习能力不够的学生参与课程，避免他们受到打击，这才是真正的保护学生。同时，对通过测试的学生来说，这个课程的难度是他们能够应对得了的，也是要他们付出努力的，这样他们的学习能力才能在原有水平上得到提高。这说明，该课程教学内容的设置对学生的语言能力有要求，对符合这一要求的学生有提升的作用。这符合教学设计要符合学情需要这一原则，在课程开始之后，每节课上学生都有大量的听力、阅读英文输入，如果学生的能力达不到，根本无法通过口头和书面进行输出。而且，学生在课堂上接触新的语言材料，在没有准备的情况下参与语言活动，可逐步培养他们的英语应用能力。教师不主张每次课安排学生预习，因为现实生活中语言交际内容具有不可预见性，学生不可能提前准备。这也解释了为什么测试的40%是读写,而60%是考察输出的口头表达和综合能力。从这个层面来分析,这份测试是客观的,能够检测出学生的英语能力,也对课程的展开有实际的意义。这个测试让我对外国教师"以人为本"的概念有了新的认识。

(二)"人人皆知"——三次测试检验学习效果

这个课程共有三次测试:前测,预测与后测。前测在开课前进行。主要目的是为了对学生进行选拔,只有达到课程要求的学生才有资格参加这一课程的学习。测试内容为阅读、写作、演讲表达,这些技能也是课程中学生要用到的,同时也能够在课程学习的过程中不断提高。预测是在课程进行到第三次时进行。主要了解学生对公共演讲认知水平,同时也对学生的性格和素质进行综合测评,以便根据学生的情况调整授课内容,从而对学生进行针对性更强的辅导。测试形式为笔试,包括选择题和话题写作。后测是在课程最后三次进行,主要检测学生的学习效果,了解学生对公共演讲的认知水平的提高情况。测试形式为口试和笔试。口试是让每个学生做一个演讲;笔试仍为选择题和话题写作。这三次测试共同的特点是能够检测到学生真实的认知能力和学习效果。题目的设置很灵活,没有中国考生所熟悉的名词解释,但绝对能检测出学生对某些名词的理解程度。如一道选择题为:Which one can be evidence? A. Personal story. B. Testimony. C. Assertion. 这道题没有让学生解释什么是"evidence",只是让学生选择出哪个能够作为"evidence(证据)",看似简单,但学生必须理解什么是"evidence",才能把题做对。相对于中国测试的几大特征:安静的教室,严肃的监考老师和奋笔疾书的学生,这门课程的测试气氛要轻松许多:学生可以问老师单词的含义,学生可以要求教师解释题目,写作为开放式题目。如刚才那道考察对"evidence"理解的问题,选项B和C的单词是高中英语大纲之外的词汇,很多学生不认识。他们向老师提问后,外教很详细地解释了这两个词的含义,让他们理解这两个词的意思之后再判读它们是不是可以作为"evidence"使用。气氛看似轻松,但学生丝毫不会马虎。教师可以解释单词,可以解释题目,这为学生充分地理解题目,从而增强测试的客观性,让学生真实地反映自己的学习效果创造了条件。反观中国的测试,封闭式试题的数量太多,而且有的学生根本不理解题目的内容,因为题目本身就是一道题,理解不了题目的学生当然无法反映自己学习的真实效果。只有这样"人人皆知",让每个学生都理解题目的意义,让每个学生都能通过测试学到新的单词,才可真实地呈现他们的学习成果。

(三)"深入人心"——教师主导引领学生主体

作为课程的实施对象,学生是最大的受益者。"高中生英文公共演讲与高效交流"这门课程的主要课堂模式为教师讲解,学生讨论,学生展示,师生游戏。在对学生进行访谈时,关于本课程的收获,除了词汇量的增加,英语文化知识的获得,英语能力的提高,学生还谈到了自主学习意识的建立。

"英文公共演讲与高效交流"课程的收获

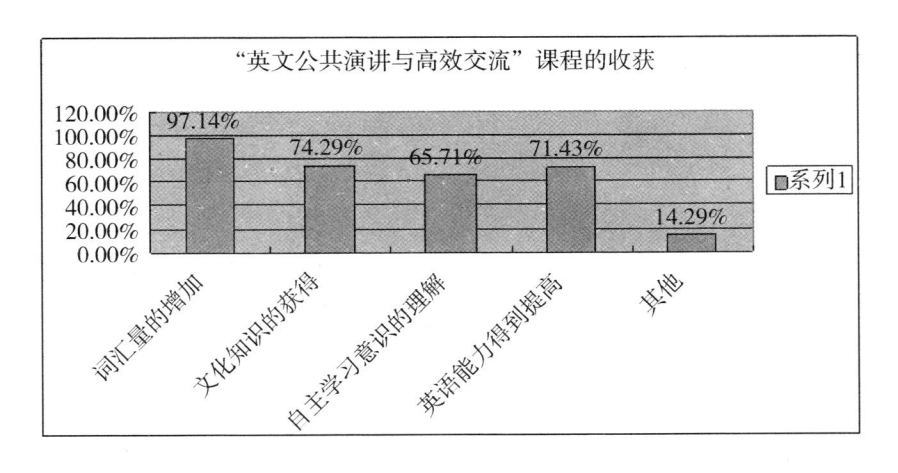

词汇量的增加	文化知识的获得	自主学习意识的理解	英语能力得到提高	其他
97.14%	74.29%	65.71%	71.43%	14.29%

图1 学生访谈总结

有过国外教学工作经历的教师都会对国外的课程有深深的印象：教师讲解的时间很短，以一节 40 分钟的课为例，教师讲的时间超不过 10 分钟，更多的时间留给学生，或讨论，或看书，或进行课题研究。快下课时，学生展示课堂自主学习成果。而中国的课程，一般来讲，教师讲解的时间要远远大于学生自主学习的时间。这两种课堂模式对中国学生来讲都各有弊端。教师讲解的时间太少，学生无法真正理解教师的意图，自主研究的方向性差；教师讲解过多，学生没有足够的时间和空间自主学习。与以往人们对国外课程的看法不同，"高中生英文公共演讲与高效交流"这门课程教师的引领作用发挥得很充分。首先，在学生座位的编排上，外教认为课堂上学生的座位应根据所要进行的语言训练活动安排。该课程是进行英语演讲技巧辅导，应该创造一个非正式的、有凝聚力的语言交流氛围，所以学生的座位排成了"马蹄形"，教师站在中间，能够从各个角度关注学生。教师在学生间游走，与学生自在地交流。学生可以随时向教师提问，教师能够很容易地捕捉到学生的眼神与手势。其次，从时间上来说，教师给了学生足够的自主研究的时间。每节课有一半的时间，学生可以自主学习，兼与教师、同伴交流。再者，教师的讲解能够使学生对新知识有充分的了解。我观察，外教在讲解时经常问"Do I make sense？（我是否说明白了？）"以保证学生能够跟得上教师讲解的进度，理解学习的内容。教师还经常使用简单的问题测试学生理解程度。这样，虽然显得教师讲解的时间较长，但在这个过程中，教师在帮助学生把新知识进行内化。在充分理解了新知识基础上的自主研究，学习效果会更显著。有了教师有效的引领，学生的主体作用发挥才充分。真正地理解课堂内容，发挥自主意识，这也是本课程学生提高的一个能力。在第二次上课的时候，外教讲解了交流中的几个技巧。针对这一内容，外教设计了一个游戏：把学生分成两组，以完成过河的任务。外教讲解了几条可以使用的方法，同时也强调了几种做法是犯规的。我观察到有的学生有迷惑的表情，似乎对有些要求不太理解，但又不好意思提问。在完成任务的过程中，有的同学频频犯规。外教指出，这正是由于他们没有真正地理解任务规则，又不提问才造成的问题。于是，外教又把规则讲解了一遍，然后让学生提问，保证所有学生都理解了规则，再开始完成任务。这次学生的任务完成得很好。通过这一活动，学生明白了一个道理：自主学习要建立在对学习内容和学习要求充分理解的基础之上，这就是事半功倍的道理。本课程期中总结的形式是学生分组完成一个口头演讲。他们在确定了题目后，课下查找材料，形成文字，然后选出代表做口头演示。学生在自己的评价表上做出评价，最后，根据专题报告和每个学生的表现给出单独的反馈意见。学生通过练习，学会了反思反省，懂得了自主学习、自我评价、自我管理。

中外课程的比较研究和对比分析扩大了我们的视野，使我们从一个更广阔的背景上重新审视和认识了我们的英语教学。我们应有选择地吸收国外好的经验、好的教学理念和方法，在教学实践中有创造性地解决我们的问题。实际上，英语教学改革的关键是我们能否把研究的成果应用到实际教学中，能否使学生受益。例如，面对一个英语能力参差不齐的大班，教师该如何组织高质量的活动，使学生积极参与其中。他山之石可以攻玉，让我们借鉴他人之长，弥补自己所短，将民族性与开放性、传统性与时代性、科学性与实用性有机地结合起来，为使中学外语教学既与国际接轨又具有中国特色、既富文化内涵又有时代生活气息而不断地努力和探索。

参考文献

[1] 高月丽. 中外语文教材对比分析 [J]. 陕西教育, 2003 (6): 20-21.

[2] 韩宝成, 常海潮. 中外外语能力研究 [J]. 中国外语, 2011 (7): 39-46.

[3] 邢理平. 国际合作办学项目下中外英语教学比较研究 [J]. 教学与管理, 2007 (18): 60-61.

[4] 徐红, 董泽芳. 中外专家型教师研究差异的比较及启示 [J]. 外国教育研究, 2012 (5): 3-10.

[5] 中华人民共和国教育部. 英语课程标准（实验稿）[S]. 北京: 北京师范大学出版社, 2001.

[6] 周莹. 中外合作办学3+1模式下的英语课程设置及教材选用研究 [J]. 牡丹江教育学院学报, 2012 (2): 115-116.

四、培养英语思维，提高英语成绩

——英语学科优秀生培养策略的探索

随着英语高考难度的下降，学生成绩越来越高，原来的高分130分已经普遍化，今年我校的平均分已超过130分，所以现在只有超过了140分，才敢称"高分"。那么，如何才能让学生考到140分呢？人们常说，高考考的是能力，那么，这个能力指什么？《2015年高考考试说明》在提到英语学科时说要"考查学生综合运用语言能力"。外语教学的目标就是要培养学生综合语言运用能力，回归语言的本质，把英语当成交流的工具去完成任务。那么，如何能够培养这个能力呢？语言学家们认为，要学会用英语做事，首先要学会用英语去思考，用英美人的思维方式去思考。《2014年高考英语学科改进意见》要求"鼓励学生尝试用英语进行思维，为学生进一步发展创造条件"。基于以上分析，我认为，英语高考考查的是学生基于英语思维的综合运用语言的能力，所以要想让学生取得高分，就要在教学中培养英语的思维能力。以下是我在培养学生，尤其是优秀生英语思维能力方面的思考和实践。

(一) 三年教学的总体规划：高一高二重应用，高三转应试

陆游关于做学问的一首诗写道："古人学问无遗力，少壮工夫老始成。"学习是一个厚积薄发的过程，高三的成绩很大程度来自高一高二的积累，所以这三年我的规划是高一高二给学生创设大量的情景，让他们充分去接触真实的语言，然后用英语去解决一个个任务，在语言应用过程中培养英语思维能力。高三的时候，学生已经掌握了一定的英语思维能力，再用这种能力去解决试卷上的问题，他们只是需要熟悉题型和做题套路这些形式上的东西。高一高二学生所接触的语言和任务的难度远远高于试卷的难度。以培养英语写作思维能力为例，根据语言学习的规律，写作思维的培养应该是这样一个过程：真实的语言输入——赏析——模仿——改进——创造（输出）。所以我高一高二除了考试，从不让学生做高考写作练习，因为那是在考查思维能力，没有语言输入，何来输出？高三之前，写作之前，我让学生看视频，听演讲，读文章，讨论内容，分析语言，在进行大量的真实语言输入的基础上，再通过写读后感、观后感、人物分析、戏剧表演等形式进行输出性练习。这样，学生学到的是真正的英语思维能力，这种练习的难度远大于高考写作练习，收获的也更多。

(二) 整合教材，全面培养英语思维能力

三年的英语教学，必须依托一个好教材，才能让学生有所依靠。但高考并不拘泥于一本教材，这给英语教学提供了很大的空间，但也给老师备课造成了很大的压力。英语是一门与时俱进的学科，语言的教学是以情景为依托的，生活每天都在变化，情景日新月异，要让课堂生动鲜活，教材必须与时俱进。同时，各种教材要适当取舍，全面地提高学生思维能力。高一高二时，我使用了牛津教材 *New Headway English*（语言地道，词汇丰富，题材接近英美人真实生活），*Studio Classroom*（话题与时俱进，外籍人士主讲，语言地道，文化背景介绍多），人教版教

材（后因为内容过老，语言不够生活，根据实验班学生特点，果断停用）及自编材料（话题与时俱进，以名人演讲和影视作品为主，体现真实的英语思维方式）。高三复习我选用了以话题为纲复习词汇和写作的《红魔英语》，和以此为基础的自编材料（以名人演讲和影视作品为主，体现真实的英语思维方式），保证学生在应试的同时也能输入真实的语言。以下是各种教材的使用情况。

表1 教材使用情况

时间/教材	教材	来源	使用意图	效果检测
高一上	New Headway English（中级）	印刷	听说读写	话题讨论，课文仿写，段落背诵，词汇检测
	Studio Classroom（中级）	订阅	词汇，阅读	词汇检测，课文改写，读后感
	人教版教材1，2	订阅	词汇，阅读	词汇检测，句子默写
高一下	New Headway English（中级）	印刷	听说读写	话题讨论，课文仿写，段落背诵，词汇检测
	Studio Classroom（中级）	订阅	词汇，阅读	词汇检测，课文改写，读后感
高二上	New Headway English（中高级）	印刷	听说读写	话题讨论，课文仿写，段落背诵，词汇检测
	Studio Classroom（中级）	订阅	词汇，听力	词汇、听力检测
	自编教材	网络查找	阅读，听力，鉴赏	读后感/观后感

续表

时间/教材	教材	来源	使用意图	效果检测
高二下	*New Headway English*（中高级）	印刷	听说读写	话题讨论，课文仿写，段落背诵，词汇检测，读后感
	Studio Classroom（高级）	订阅	词汇、听力	词汇，听力检测
	自编教材	网络查找	阅读，听力，鉴赏	读后感/观后感
高三上	《红魔英语》	订阅	词汇，写作	词汇检测，句子默写，例文仿写
	自编教材	网络查找	阅读，听力，鉴赏	段落背诵，仿写
	高考复习题	订阅	听说读写	试题分析，讲评，总结归纳
高三下	高考复习题	订阅	听说读写	试题分析，讲评，总结归纳

高一高二原版教材的使用，可让学生输入真实的语言，学习真正的英语思维。同时，课外材料的选择让学生了解文化，为英语思维提供背景和说明。大量的真实语言的输入，为学生输出提供了必要的语言积累。其实，高考的试题文章均出自英美原版杂志书籍及流行网站，语言真实地道，灵活实用，和中国教材上的语言有一定的差距。平时学生接触的语言越接近原版，他们的英语思维越能建立，他们在考试中才会产生熟悉感，自信心才会增加。

（三）以文化为载体，建立英语思维

学习英语的一个最重要的目的就是了解英语背景下的文化。学习语言是相当枯燥的，学习自己的母语就很简单，主要是由于从小就在一个特定的语言环境中成长，形成了固定的文化思维。那么，如果在学习外语时可以遵循相应的文化思维，就会有很高的效率。我们中国人运用的汉语和英语是两种完全不同的体系，从小学习汉语形成了根深蒂固的汉语语言思维。优秀的学生往往很自信，在学习语言的时候常有意识地去创造一些语言，但他们又没有完全达到灵活应用语言的程度，这就产生了"chinglish"。而且，他们在分析一些英语文章时常常用自己文化的因素去衡量英美文化。因此对优秀生来说，学好英语必须形成英语的思维方式，摆脱汉语思维的束缚。高中学习中，英语文化意识的渗透可以发生在任何一个阶段，包括高三。学习一个国家的文化，就应该了解这个国家的时事要闻，力求让自己的思想与那个国家同步，这样才能更好地理解那种语言。去年11月，在高三复习"国家"这个话题的词汇时，我在找课外阅读材料时忽然意识到第二天就是苏格兰公投日，如果同意独立的票数多，苏格兰就有可能成为一个独立的国家，大英帝国的未来就要改写。这对学英语的人来说是一件多么大的事情！于是，我找到了卡梅隆首相的演讲视频，设计了听说课的学案。第二天在复习完词汇后，我让学生看了这个视频，让他们阅读了演讲原文，然后再根据演讲内容分析苏格兰独立对英国的影响。对英美国家的时事的探讨让学生把语言当成了工具，在使用语言的同时潜移默化地受到了文化的熏陶。学生的文化意识增强了，在分析英语试题时理解力也会更强。

（四）英语学习的i+1理论

语言学习者要接触的"可理解性语言输入"要略高于学习者现有的语言水平。即i+1公式，i代表习得者现有水平，1代表略高于习得者现有水平的语言材料。语言学家克拉申认为，单纯主张输入是不够的，学习者需要的是"可理解输入"，只有当习得者获得比他现有语言水平略高一点的第二语言输入，而他又能把注意力集中到对内容的理解而不是形式时，语言学习才能产生效果。这个理论对优秀生极为重要，

20

也是我备课讲课一直遵循的原则。英语学习是思维能力发展的过程，一定要让学生学习的重点放在语言内容上，而不是语言形式上。高考也是以语境为依据的思维能力的考查，我让学生阅读的原版教材和课外读物，一定程度上高于学生现有水平，学生开始接触觉得有难度，但这正是学习的契机，可以根据学生水平调整使用的方式。如 *Studio Classroom*（中级）本来是听力辅助教材，但学生高一入学时阅读文章都觉得有难度，更别说听力了，我就把它当成阅读材料用，作为词汇和写作的补充。高二的时候，学生觉得这本书作为阅读简单了，我就让学生当作听力练习，这样把他们的听力水平提高了很多。后来，学生又觉得 *Studio Classroom*（中级）听力也容易了，我就引进了这个教材的高级版。每次，我都让学生感觉教材比他的现有能力高一点，这样一来他学习的重点放在了理解教材的内容上，更有利于思维的培养。

第二章　阅读教学相关理论研究与实践

　　作为语言输入重要途径的阅读，其重要性不言而喻。在基础阶段的教学中，阅读教学的成败决定着语言教学的质量。希望通过本书的学习，读者们可以更加清晰地认识阅读的过程和阅读教学的特征，思考哪些教学设计和教学行为能促进阅读，哪些会干扰阅读，哪些能实现阅读应有的价值，哪些又需极力避免。

　　回想每个人的成长历程，书是他们获取信息、积累知识、扩大视野的主要途径。正如一篇英语美文所述"Between covers of (books)"，大意是在书本里，我通过阅读体验了别人的人生，到达了大洋彼岸，探索了奇峰险境。

　　阅读是语言学习的方式，阅读材料为语言学习提供了文本素材。词汇、句子、段落、篇章这些语言学习的要素构成了阅读文本。一篇文章集中呈现出了某个话题的相关词汇，词汇的合理组合依靠某一语言的句法结构、句群的组合形成篇章，句子与句子、段落与段落之间的衔接依靠合理的逻辑。阅读的过程是潜移默化获取语言的过程。

　　阅读是研究的基础。人文和科学研究都需要收集大量的资料，在此基础上进行对比、归纳、提炼、假想、验证、总结。阅读是最传统的收集资料的方法，所以阅读的速度、理解及反思的能力决定了研究的效率。

那么，学生应该如何去阅读？尤其是第二语言的阅读，教师又该如何帮助学生阅读？这便涉及我们对"阅读"这一动态过程的认识。

古德曼（Goodman）在1967年提出"阅读过程是个复杂的心理语言活动过程"。阅读是一种从书面语言中获得意义的心理过程。阅读需要理解文字符号的表层结构，需要掌握词和句的语言知识；更为重要的是理解语义的深层结构转化，并对信息进行加工、联想、预测和推论。在这一过程中，情感是语言学信息输入域的过滤器，焦虑等消极因素会增强学习者对语言信息输入刺激点的过滤作用，进而妨碍读者对语言信息的顺畅接受。而积极的情感、兴趣对阅读过程起推动作用。在阅读教学中，教师首先要唤起学生学习的积极情感，引导学生在愉快的情感体验中兴趣盎然地阅读。教师在教学中要注意以下几点。

激活学生的心理认知结构，加速阅读理解过程

根据心理学的构思结构理论，阅读过程是读者的已有知识与文章内容相互作用的双向过程。这一过程中，读者不是单纯被动地追求作者在文章中所表达的思想，而是主动地、创造性地去理解作者所表达的意义。在阅读课"A world guide to good manners"的导入部分，笔者选择了电影 *The Joy Luck Club*（喜福会）中的一个场景（外国姑爷去中国家庭做客，在吃饭时由于文化差异引发了笑话），让学生在大笑之余思考文化差异并表述出来，用这种方式引出不同国家的 good manners 这一话题，并让学生回顾中国的餐桌礼仪。这种活动通过激发学生已有知识和经验，为课文阅读铺垫必要的文化背景知识。

确定阅读目的，强化阅读内部心理动力

备课时要特别注意挖掘课文中作者所倾注的真实情感，找准情感的基调，指导学生阅读学习时进入角色，达到入情的程度。在教学过程中充分挖掘课文所包含的思想情感，从而以情激情，以情启智，使学生在阅读时产生共鸣。在短篇小说 *Waiting for Goldie* 的教学中，笔者通过引导学生分析十岁的小男孩 Danny 对鸽子 Goldie 的情感，让学生感悟出

"只要你想,每个人都可以成为动物的好朋友"。高中学生只有十几岁,人生历练有限,通过理解别人文章中的情感来丰富自己的内心世界,可以更好地理解他人、认知世界。这也是阅读的意义所在。

一、阅读教学中的思维培养

《思维的教育》第一章第二节中提道,"成功的教育应该是学生出了校门后,尽管忘掉了许多学来的事实性知识,但学校教给他们的思维方法仍在,并能不断发挥作用,帮助他们分析问题和解决问题"。这句话一下子"抓住了我的眼睛",使我想起了我的几位老师。

高中学习地理的经历使我认识了一位好老师——王老师(遗憾的是老师的名字我已经记不太准了)。那时候,我们很不重视地理,总觉得是个副科,不用太上心,而且很多东西都是背的,太没挑战了。我上课的时候不好好听课,作业自然也做得马马虎虎,很多题尤其是材料分析题,因为需要写的内容多,一般都空着。有一次,他找我面批作业,因为我实在空得太多了,他问我为什么没有写,我只好承认很多东西没背,题不会做。他认真地指着一道材料分析题告诉我,其实地理也需要思考,不仅仅是记忆。他给我讲解了如何去解答那道分析题。我现在还记得,那是一道人文地理和自然地理的结合题:如何对一个城市进行发展部署。要陈述那个城市的自然地理特征,再根据每一个特征部署相应的发展规划,每一种地理特征都有发展的方向。王老师讲得清清楚楚,我听得明明白白。王老师后来又总结说城市是这样发展的,其实人也是如此,根据自身条件寻求发展。他说这是比较分析法。我忽然有了一种顿悟的感觉:在我所在的那所省重点高中,优秀的学生很多,我总觉得赶不上人家,有很强的自卑感。王老师的话启发了我,我静静地分析了我的情况,我的数学、语文、外语很好,物理很差,如果学文科对我来说很有利，于是我选择了适合我发展的方向，上了我想上的大学。在之后的日子里，在遇到问题时，我一直想着王老师教我的思维方法，去解决问题。去年我担任高三的班主任，在为学生进行志愿辅导时，我让学生也使用同样的方法：列出自己的条件，与大学的专业对应；列出自己历次考试与一本线的分差，与报考院校对应，最终找到合适的院校和专业。

好的老师不仅仅传授知识，更重要的是传授一种思维方式、一种精神。古往今来不少明智人士提出，教育的目的是发展思维，让学生掌握思维能力，学会运用思维来解决实际问题。王老师让我学到了解决问题的思维，今天，我自己作为一个老师，也要把解决问题的思维能力传授给我的学生。苏联教育家苏霍姆林斯基说："在学生的脑力劳动中，摆在第一位的并不是背书，不是记住别人的思想，而是让学生本人进行思考，也就是说，进行生动的创造。"

在外语的阅读课堂上，有很多培养学生思维能力的契机。《思维的教育》这本书有这样的描述：1999年，英国国家课程标准提出了学生应具备的五种思维能力，分别是信息处理能力、推理能力、质询能力、创造性思考能力和评价能力。我反思自己的教学，哪些地方体现了思维的培养？哪些我已经做到了，哪些还要提高？其实一节英语阅读课，这五种能力可以渗透到各个教学环节中。首先是信息的处理能力：一篇英语课文，在学生完成第一遍阅读后，我要求学生通过提取信息来回答问题。问题有两种层次，第一种是直接摘取信息。如一篇名为"Wonders of Modern World"的课文，我设计了问题 ① What are the wonders mentioned in the text? ② What is a giant step for mankind? ③ Why computers change the way people work? 这三个问题的答案直接可以从课文中找到，训练的是学生对信息准确捕捉的能力。第二个层次的问题是对信息进行加工。我设计了问题"What is the most important wonder? Why?"这个问题不仅要求学生答出"最重要的奇迹"，还要归纳出为什么它是最重要的，这就要求学生把书上的信息重组，用来支撑自己的结论。在完成这两个层次问题的过程中，学生筛选、重组、归纳信息的能力都得到了训练；而且第二层次的问题对学生的评价能力也有要求，在课文中提到的那八种 wonders，学生需要评价哪种 wonder 是最重要的。要完成这个问题，他们需要把文章中关于每一种 wonder 的名称、特点、用途都仔细比较，在这个过程中演练的是如何对事物进行评价。一个不到十分钟的练习，让学生的几种思维能力得到了很好的培养。在课文的学习中，推理能力也可以得到很好的锻炼。如一篇名为"Clown Doctor"的课文，我让学生归纳作者"作为一名小丑医生，她有何感想"。这个问题的答案，文章中没有明确说明，需要学生自己归纳。学生的答案不够准确，为了让学生提高推理能力，我让学生提取不同的信息：对小丑医生工作的描述、对小丑医生着装的描述、对小丑医生业余生活的描述，然后让学生捕捉每一处描述语言上的特点，如用词的褒贬，句子的长短，从而分析出作者虽然嫌这份工作辛苦但又深深热爱的复杂心情。通过这样的答题，我帮学生梳理了思维的过程，培养了推理的能力。创造性思考的能力是各个学科都要培养的能力，外语也是如此。这种能力的培养不能光靠说，因为有时候我们提醒学生答案要"Be Creative（要创造力）"，但没有教会他们如何使他们的答案有创造力。我读过一篇文章，讲述如何培养创造力，里面提到一些观点"跳出原有的桎梏，不断尝试，从不同的角度看待问题，向别人求助"，我觉得可以用来指导教学。有一次，我让学生讨论"A Million Pounds Bank Note（百万英镑）"一课的中心思想。我把学生分成几组，有的从 Henry（主人公，百万英镑的使用者）的角度去探讨人们对钱的态度；有的从 the brothers（百万英镑的拥有者，整个事件的始作俑者）的角度去辩论人们对钱的态度；有的从 tailor（见钱眼开者）的角度去分析钱的重要性。通过从不同角度去分析，学生对文章的中心思想分析得出了很全面的答案。而且，通过从不同角度看待事物，学生有了创造性地分析事物的心理体验，这在潜移默化中培养了创造性思维能力。在英国国家课程标准提出的学生应具备的五种思维能力中,有一种能力的培养我在课堂实践中较少涉及,那就是质询能力。可能是作为语言教学,我更多是让学生操练、分析、总结、创造,其实质询能力也可以培养。因为语言是活的知识,有些表达根据时间的推移和实践的检验,可能已经不用了;而有些书本上说不能使用的表达,根据人们的表达需要也可以出现。比如我在英国工作的那一年里,我经常在超市、大街上听到人们说"me mom",这种表达是我们严禁学生用的,因为我们从小学的是"my mom",这是符合语言规范的表达。我很好奇为什么这种表达会出现,就问了英国的同事。他们说其实这是不规范的用法,但对有些受教育不多的人来说,他们的文法没有那么严谨,而且在交流中不影响别人对他们的理解,所以这些表达在英语里也是接受的。我的质询的经历使我更加了解了这门语言,那么,如果学生的质询能力得到了培养,他们的学习能力也会提高。给学生的质疑和质询能力留下发展的空间,这是我今后教学要改进的地方。

二、基于阅读文本的项目式学习教学初探

21世纪是中西融会贯通的时代,英语是交际的主要媒介,这就要求人才应具有运用外语自然交流的能力。21世纪也是信息时代,信息社会所需要的新型人才必须具有很强的信息获取、信息分析和信息加工的能力。所以,英语和计算机是21世纪人才必须掌握的两个生存工具。教育的社会性决定教育者要培养社会所需要的人才。当今时代要求英语教师在课堂教学中要注重培养学生的英语交际能力,在此前提下,教师如果能适当地让学生学会运用计算机辅助英语学习,使学生在基础教育阶段就结合使用这两种工具,那么学生认知世界的能力就会增强,适应社会以及改造社会的能力就会逐渐孕育,这样教育就真正实现了服务社

会的目的。

　　2017年新颁发的《全日制义务教育普通高级中学英语课程标准》（实验稿）提出"基础教育阶段英语课程的任务是培养学生的观察、记忆、思维、想象能力和创新精神"，强调课程要从学生的学习兴趣、生活经验和认识水平出发，倡导体验、实践、参与、合作与交流的学习方式和项目式的教学途径，使英语的运用贯穿学生接受任务、准备任务、汇报成果、评估任务完成情况、总结任务的全过程，真正成为学生交际的工具。项目式学习的课堂容量很大，这就需要借助有效的教学媒介来确保教学内容的完成以及学生能力的培养。在当今教育领域，最有效的教学媒介当数计算机和以计算机为载体的网络。现在随着学校标准化建设的发展，许多学校建成多媒体校园网，大量多媒体课件应运而生。可这些多媒体课件只是取代了传统教育的投影、幻灯、录音等，交互性不强，参与性不够，计算机只是教师教学的辅助工具，没有真正成为学生认知的工具。在这里，笔者想根据实践探讨一下如何运用项目式学习的方法培养学生利用网络进行英语交际的能力。

实践

　　众所周知，互联网是世界上最大的知识库、资源库，它拥有最大的信息资源。这些知识库都是按人类联想思维特点的超文本结构组织起来的，特别适合学生进行"自主发现、自主探索"式学习，为学生发散性思维、批判性思维和创造能力的发展提供了肥沃的土壤。如果在中小学阶段就接触互联网环境，让学生在信息的海洋中获取信息，进行分析、评价、筛选和加工，然后根据自身需要加以充分利用，学生的各种实践能力就会得到培养和锻炼。英语教学的最终目的是要让学生能够熟练地运用英语进行交际，而交际能力的形成必须依赖大量的语言实践，所以网络为学生英语实践提供了很好的平台。从另一个方面来说，制约中国学生英语交际能力发展的一个因素是教学方法。大部分教师根据传统的语法分析法在课堂上过多地讲解跟语言有关的知识（所谓知识点）——语法、句型、词语搭配，而忽略了语言是一种交际工具这个实质，从而背离了语言教学的主方向。学生学到的语言是以若干的点形成的直线，是平面的概念，那么他们在这个三维的世界里使用语言时必然会感到困难重重。从教学方法上来讲，项目式学习给学生提供了一个交际的要求——完成本节课老师布置的任务，这就使语言立体化，成为完成任务的工具。下面根据项目式学习的几个步骤来看一下学生的语言实践是如何得到实现的，以及网络是如何发挥作用的。

以高一英语模块2第3单元阅读课文"Who am I"为例，这一课介绍了20世纪的一大发明——电脑，讲完课文后笔者设计了一节引申课——中国古代发明。运用项目式学习的方法，笔者事先准备好50多个字条，每个字条上写有一个"中国古代发明"。学生依次抽到一个"中国古代发明"，然后利用网络研究这个发明，再向其他人介绍这个发明创造。事实上每6个同学抽到的是同样的字条，这样便于展开讨论，但他们事先并不知道，所以研究工作还是学生独立进行的。这个教学任务分两课时完成。

第一课时——准备任务

地点：多媒体阅览室。步骤一，教师布置教学任务，学生认真"听"要求。步骤二，学生抽字条，接受任务。这时锻炼的是学生的英语阅读能力，学生必须把"任务""读"懂，明白具体的要求，才能开始工作。如果向老师提问，他必须"说"出自己的问题，并"听"懂老师的解答。步骤三，学生要通过上网搜索相关的信息，组织材料，完成任务。学生也可以通过查阅书籍等文本资料的方式来获取信息，但文本中知识和信息只按线性结构排列，因此阅读与检索的速度和效率有着不可逾越的界限。在"知识爆炸"的时代，"电子书籍""网上图书馆"的出现为人类带来了福音。因为电子书刊等知识的联系方法不再是线性的，而是网状结构的，检索方式可以随时进入实现超文本链接，实现全新、高效的阅读和检索方式。而且传统阅读的材料是以文字、图形为媒体，而电子读物中阅读的对象则扩展到图像、声音、动画等多种媒体，这是信息时代的超媒体阅读。网络技术为英语阅读提供了无限的浏览和阅读空间，提供了立体的知识体系，使学生的阅读方式可以跨越时空，集视、听、空间想象为一体，会大大提高他们的阅读兴趣和效率。这样不仅有助于学生英语阅读的训练，另外学生通过对材料的组织和整理也锻炼了"写"的能力。有的同学还用 powerpoint、authware、excel 等使自己的讲解更有立体感，这样也培养了计算机应用能力，实现了学科综合。

第二课时——完成任务

步骤一——分组（grouping），老师宣布介绍同一个发明的同学结成一组。

步骤二——计划（planning），各组学生准备向全班报告任务完成的情况。首先每人的研究成果通过局域网共享，然后每人介绍自己的作品，大家展开讨论，总结出一份最优的介绍方案，向全班同学汇报。在这个过程中，每个人必须要"说"出自己的想法，"听"懂别人的介绍，在网上"读"懂别人的共享材料。

步骤三——报告（reporting），学生报告任务完成的情况。每组的研究成果通过网络共享，每组派一个代表向全班同学汇报本组的成果——详细地介绍一个中国古代发明。在这个时候，并非只有这个同学得到了"说"的锻炼，其他人也通过记笔记的形式锻炼了自己的"听"和"写"能力。

步骤四——评估（evaluating），学生借助笔记口头讨论各组任务完成情况，"听""说""读"的能力再一次得到锻炼。

步骤五——布置作业（giving homework），让学生用写作的形式把任务的成果总结下来。

由此可见，在充满"变化性互动"的项目式外语课堂上，从接受任务、准备任务、执行任务、报告任务到分析任务，学生一直处于积极、活跃、变化的活动即任务中，活动越多，学生运用语言交际的机会也越多，学生语言运用得就越自如；可理解性的输入（comprehensive input）越多，语言习得就越多。借助网络，学生不断地提出问题、分析问题和解决问题，不是去寻求这些问题的预定的、唯一正确的答案，而是重在解决过程中的思维策略以及多种可能的解释，使他们的英语实践能力在潜移默化中提高。

思考——传统教学与网络环境下的项目式学习比较

该节课知识含量比老师讲授的多几倍，不但丰富了学生的知识与感受，也使他们学会了自己上网查询、搜集加工信息的能力。由此可见，利用网络信息技术，可以深化课堂教学和学科教学。而且在实施协作式学习策略上，为学生们提供了对不同问题的多种不同观点的比较、分析和思考条件，在集思广益的基础上，深化对知识的理解和掌握。与传统的课堂教学相比，网络教学的最主要特点是利用计算机大容量、智能化处理，可以提供给学生大量的学习资源。而计算机网络的重要作用之一是支持远距离或近距离的网上人际通讯，通常称为"以计算机为中介的通讯"（Computer Media Communication）。网络计算机辅助教学可以提供比单机方式教师利用计算机辅助教学更加丰富的信息资源。一方面，利用服务器可以为整个网络的学生服务；另一方面将局部网络与Internet连接起来，可以为学生提供全球化的电子信息资源库，从而使学生开阔视野，学习到更多的知识。在网络化计算机辅助教学的环境下，教师与学生之间、学生与学生之间可以共享信息、网上交流和讨论，这样在很大程度上可以克服传统计算机辅助教学缺乏人际情感交流、相互协作不够等方面的不足。

网络环境下的项目式学习与传统的课堂教学的区别如表2所示：

表 2　网络环境与传统课堂的区别

传统的课堂教学模式	网络环境下的项目式学习模式
教师讲授为主	学生探究为主
说教式教学	交互式学习
分学科定时教学	真实的多学科交叉的问题解决式学习
集体化的无个性的个体学习行为	多样化、个性化的合作学习行为
教师为知识的垄断者和传播者	教师为学生帮助者和指导者
按年龄和成绩分组	任务组合
对学科知识与分离技能的评价	以行动为基础的综合性评价

几点说明：

教师角色演变

在互联网面前，教师的角色发生了很大变化，由原来的处于中心地位的知识讲解者，变为学生的学习指导者、学生主动建构意义的帮助者，因此教师对互联网上本学科的知识要有很强的敏感性，有全面的了解和独特的见解。只有这样，才能做好学生的引入者。笔者认为，英语教师的备课也应该开放，在互联网上搜寻相关资料，充实到备课之中，并有机地把阅读材料通过网络介绍给学生。

教学氛围

为了培养学生合作和竞争的精神，课堂上以小组为单位，小组内合作研究讨论，小组之间则鼓励学生竞争。在学生交流时，学生可根据超级链接找出文章补充内容，真正做到"人人""人机"之间的互动。

抵制互联网带来的负面效应

互联网提供给学习者大量的信息资源，同时也带来许多有害信息，会产生负面效应。因此教学中，教师首先要做好学生的引导工作，同时装载"东方卫士"之类的软件，尽可能提供给学生具有搜索引擎的网站，如 www.iask.com 或 www.baidu.com 等，以防止过滥信息对学生产生影响,并要求学生在金山词霸的帮助下阅读英文网站,建立英语氛围。

项目式学习以先进的现代教学思想为理论基础,弘扬学生的主体性,充分发扬学生的主观能动性,遵循语言学习的习得性规律,注重学生创造性思维和创新意识的开发和培养。现代教育利用计算机技术,把外部世界引入课堂,使学生能够获得与现实世界较为接近的亲身感受和体验。本文探讨的是利用网络技术把学校课堂和社会连在一起,让学生获得比学校课堂多几倍的认知和感受。更为重要的是,网络技术可让学生获得学习自由,为学生提供自由学习探索不受约束的条件和空间,这是"英语新课程标准"培养创新精神和实践能力所必须具有的条件。因此,项目式学习和网络技术的整合必然会使学生在英语交际能力的培养和提高上事半功倍。

参考文献

[1] 高洪德. 高中英语新课程理念与教学实践 [M]. 北京:商务印书馆,2005.

[2] 高志军,陶玉凤. 基于项目的学习模式在教学中的应用 [J]. 电化教育研究,2009 (12):92-95.

[3] 郭伟,蒲春芳. 互联网+背景下项目学习模式在英语教学中的应用 [J]. 黑龙江科学,2017 (23):112-113.

[4] 教育部. 普通高中英语课程标准 (2017 年版) [M]. 北京:人民教育出版社,2018.

三、基于英语学习活动观的阅读课教学设计

《普通高中英语课程标准 (2017 年版)》提到,活动是英语学习的

基本形式，是学习者学习和尝试运用语言理解与表达意义、培养文化意识、发展多元思维、形成学习能力的主要途径。学生在主题意义引领下，通过学习理解、应用实践、迁移创新等一系列体现综合性、关联性和实践性等特点的英语学习活动，基于已有的知识，依托不同类型的语篇，在分析问题和解决问题的过程中，可促进自身语言知识学习、语言技能发展、文化内涵理解、多元思维发展、价值取向判断和学习策略运用。遵循英语学习活动观，教师需要整合课程的六要素，以主题为引领，以语篇为依托，将语言知识学习、文化内涵理解、语言技能发展和学习策略运用融合在学习理解、应用实践和迁移创新三类互相关联的语言与思维活动中。基于这一指导思想，笔者实践了新一轮的高一英语阅读教学设计，回顾十个单元阅读课的教学设计，笔者有如下的认识：文本解读是前提，主题引领是关键，活动设计是途径。

（一）文本解读是前提

阅读思维是一种心智活动，没有教师引领的阅读是对学生心智水平的考验。在教师引领下的课堂阅读是培养学生心智、提高其思维水平的过程，所以阅读课的教学设计对学生思维的发展起着至关重要的作用。面对文本，如何选择最合适的教学突破点，是对教师的一种考验。这需要教师能够提炼出文本的核心主旨，设置统整全篇、观察文本的轴心问题，承接文本教与学的认知连接，让文本在主题引领下真正"立"起来。阅读教学的设计必须从解读文本开始，教师对文本解读的合理性将直接影响到教学设计的有效性。英语学习活动观背景下的三类互相关联的语言与思维活动——学习理解、应用实践和迁移创新，都是以语篇为依托的，有什么样的文本解读，就有什么样的活动设计。笔者曾经教授过两轮人教版教材，每篇阅读课文都阅读并讲授过，但对人教版模块一第四单元阅读课进行教学设计前，笔者回忆了一下课文内容，只记得课文中讲了震前、震中、震后发生的事情，但具体内容记不住了。于是，笔者换位思考，如果学生学习完课文后记得的内容很少，那说明教学效果不佳，教学设计一定有问题。一堂高效的阅读课离不开教师引导学生对文本进行多角度的解读，好的教学设计的前提是教师要理解文本，通俗地讲，就是教师要看懂文本。对文本的解读不是自然而然的过程，是有章可循的思维活动。what、why and how 是解读一般文本的三个关键角度，解读文本的方法我们可以借用王蔷教授提出的"what、why and how"的框架。what 指的是故事的主旨大意、主要内容；why 指的是作者通过故事想表达什么样的情感，其写作目的是什么；how 指的是作者是怎样表现情感和主题的。基于这样一个思路，笔者对人教版模块一第四单元阅读课"A night the earth didn't sleep"进行了如下的分析：
【What】本文为记叙文，以时间顺序描述了震前、震中的景象和震后的救援工作。【Why】本文主要叙述了唐山大地震前所发生的一些异常现象和地震发生后整个城市所遭受的毁灭性破坏，以及随之而来的救援工作。本文的阅读和学习可以帮助学生认识到，如果学生能够了解并认识地震前的预兆，就能做好准备，让更多的人获得求生的机会并减少损失。【How】文字难度中等，重点词汇主要为灾难及救援等，如 crack, burst, injure, destroy, ruin, trap, shelter, 并使用定语从句描述地震的场景和人们的感受。文章的题目" night the earth didn't sleep"用了拟人的修辞，符合记叙文的特征，值得学生思考品味。经过这样的分析，笔者对这篇课文的理解更深入、更全面了，发现了以前几轮教学中所忽视的内容和观点。

（二）主题引领是关键

《普通高中英语课程标准（2017 年版）》强调以学科育人为本。教师拿到文本后，首先关注的是主题意义、主要内容和作者观点以及背后所隐含的价值取向。主题意义是作者的写作目的，是作者希望学生读过文章之后领悟某个道理、建立积极的人生态度或者获取用来指导今后生活的理念。在教学设计时要关注主线，突显主线。指向英语学科核心素养有效形成的"英语学习活动观"，基于语篇所提供的主题情境，由信息获取与理解、梳理与加工、整合与内化、表达与交流、迁移与创新所构成的一系列融语言、思维、文化为一体的学习活动，架起了课程内容和课程目标之间的桥梁，在活动中落实课程内容，通过活动实现核心素养目标和课程总目标。主题情境是文本主题意义的依托，所以学习活动的设计要以挖掘主题意义为线索。一个好的教学设计要基于对文本的理解，只有文本在心中，才能为教学设计奠定坚实的基础，才能更好地把握主题意义，挖掘文化价值，所以文本分析的最后一步是基于 what、why 和 how 归纳出课文的主题意义。笔者将 "A night the earth didn't sleep" 一课的主题意义归纳为让学生体会到灾难事件的可怕及给人们带来的痛苦，同时也能看到政府对灾民的救助和对灾区的重建。学生还可以从中学会预测地震的相关知识，对灾难有防患意识，面对灾难不丧失希望，对灾民有救助之心并体会到政府对人民的关爱，从而达成育人目标的落实。

（三）活动设计是途径

正如英语教学课程总目标必须通过课程具体目标的实施来实现，课文主题意义的探究也要通过这节课的教学目标来实现。每个教学活动都有要实现的教学目标，所以教学活动是对主题意义的演绎。以 "A night the earth didn't sleep" 一课的活动设计为例，读前的感知与注意类活动"看有关地震的照片"是让学生意识到地震的可怕；读中的应用实践类活动"总结地震造成严重后果的原因"是为了让学生体会到灾难事件给人们带来的痛苦，以及"人"在面对灾难时的无助和脆弱。而读后的迁移创新类活动"对课文标题的解读"与"比较唐山地震和近几年的地震"是为了强调了解预测地震知识的重要性，对灾民有救助之心以及体会政府对人民的关爱，从而建立面对灾难积极乐观的态度。如

图2所示：

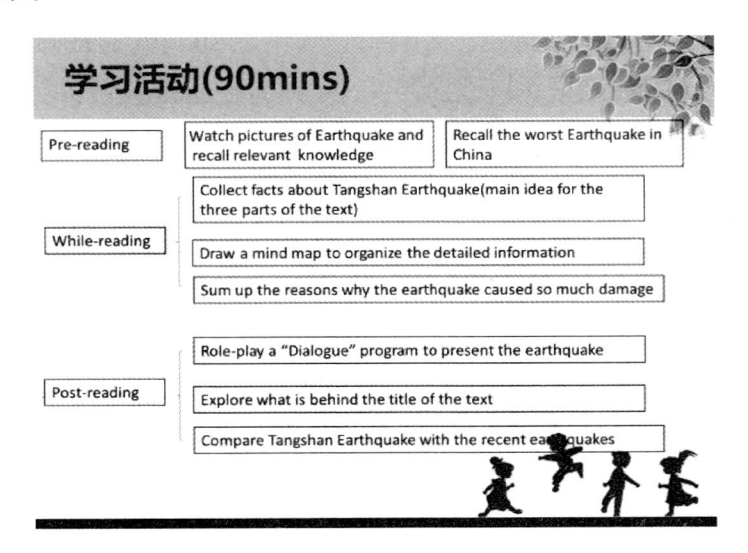

图 2　活动设计

（四）英语学习活动观背景下的阅读课教学设计分析

【学情分析】高一的学生具备基本的阅读能力和一些简单的阅读技巧及方法。但学生在高中英语学习中第一次接触"灾难"的话题，学生不熟悉此话题。学生英语基础比较好，学习态度也比较认真，学习热情很高。学生已经基本具备在阅读中获取细节信息的能力，但是多数学生在理解和整合知识、逻辑推理和分析论证观点以及批判评价方面的能力还比较欠缺。

【教学目标】通过本课的学习，学生应能做到以下几点。

（1）收集和概括有关唐山地震的事实性信息。

（2）提炼细节信息，通过思维导图介绍唐山地震。

（3）分析唐山地震损失严重的原因。

（4）通过角色扮演，从不同身份的"人"的角度以"对话"节目的方式呈现唐山地震。

（5）解读课文目的，反思灾难事件中不同人的行为。

（6）思考并讨论"唐山地震如果发生在今天会有什么不同"，体会"人"在灾难事件中的作用。

主要学习活动：

表3　学习活动与意图

教学环节	主要活动内容	设计意图
读前	观看有关地震的纪录影片，讨论问题：What happened? If you were experiencing that, how did you feel? 然后思考并回答：Do you know any earthquake happening in China? Which one was the most terrible?	导入主题，激活已知，铺垫背景知识，引出地震这一话题
读中	1. 读标题猜测大意；浏览全文，获取关于唐山地震的事实性信息，如：time, place, number of victims 等	运用认知策略，提取主要信息和事实
读中	2. 带着问题研读课文并开展探究活动，如：What happened before the earthquake? Draw a flow chart to note down the unusual things before the earthquake. 画思维导图，围绕主题形成的新的知识结构开展描述	梳理细节信息，概括整合震前、震中和震后的情况。逐步实现对地震词汇知识和地震常识的内化，熟悉并学习一些关于地震的词汇和描述方式。巩固新的知识结构，促进语言运用的自动化，助力学生将知识转化成能力
	3. 三读课文：分析唐山地震后果严重的原因，要求必须引用文中信息作为依据	概括、阐释、判断语篇内涵和价值观念；梳理、概括、整合信息，建立信息间的关联，形成新的知识结构

续表

教学环节	主要活动内容	设计意图
读后	1. 以不同的身份（主持人，灾民，救援人员，电视观众），以课文中对地震内容的描述和震后政府的救助活动作为依据，来呈现"对话"节目（见图4）	把本课所学的内容通过访谈的方式进一步内化，并且能够进行初步的语言输出和运用。依据所梳理和提炼的结构化知识，内化与运用文本知识
	2. 小组讨论：反思文体特征，阐释文章标题 "A night the earth didn't sleep" 的内涵。用了拟人的修辞，符合记叙文的特征，值得学生思考品味。两个问题的设计一方面让学生回顾文本，体会地震这一灾难的可怕	分析评价语篇的意义与形式，引导学生思考在此灾难事件中的不同"人"的感受和行为。这一活动和前一个活动"访谈节目"有内在的联系，主要引导学生挖掘文章主题：对灾难有防患意识，面对灾难不要丧失希望，对灾民有救助之心
反思	小组讨论：Tangshan Earthquake happened in 1976, more than 40 years ago. What could have been different if the earthquake had happened in recent years? 灾难事件的损失会比40年前减少是因为人的作用要比40年前大，如技术人员震前的预测和房屋设计时对地震的预防；人们对地震消息的及时获取和及时救助；社会对灾难事件的关注和重视；救助人员和工具更专业	迁移创新类活动：在新的语境中开展想象与创造，运用所学语言，分析问题。这一活动对前面文章主题的讨论进行演绎，让学生深化主题"在今天，人们对灾难事件的应对能力大大增强，所以面对灾难事件要持有乐观的态度"
作业	上网查找有关近几年地震的网页，介绍一次地震事件，包括震前、震中、震后不同身份的人们的行为	提升单元主题意义，实现能力迁移。反思和总结在主题意义、语篇特点、语言和文化知识、技能发展、策略运用等方面的收获

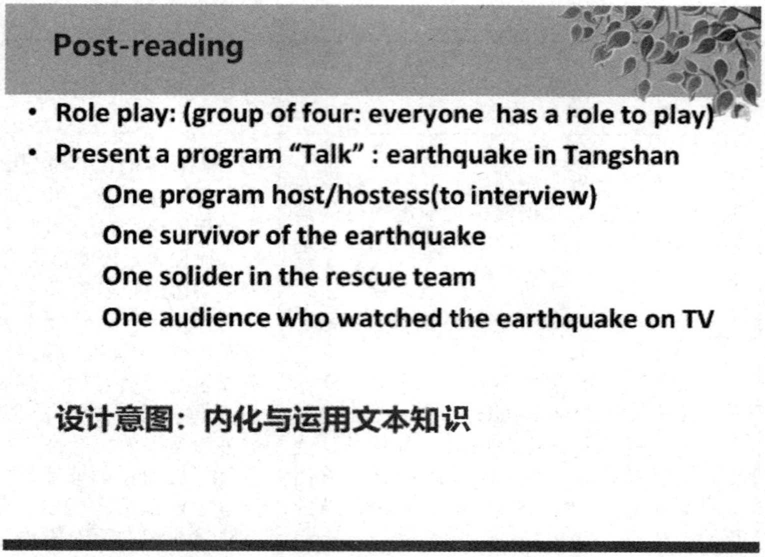

> **Post-reading**
> - Role play: (group of four: everyone has a role to play)
> - Present a program "Talk": earthquake in Tangshan
>   One program host/hostess(to interview)
>   One survivor of the earthquake
>   One solider in the rescue team
>   One audience who watched the earthquake on TV

设计意图：内化与运用文本知识

图3 呈现"对话"

（注：这一教学环节中，不同人物角色的划分也为后面的讨论活动做了铺垫。在这一活动中，"电视观众"这一角色的设定是本文主题意义的一个探索，灾民的痛苦和无奈，救护人员的决绝和牺牲，看到这一切，旁观群众应有什么样的意识和行动？这一活动要求学生基于主题与内容进行分析与评价，表达个人观点，有迁移创新的要求。）

从这个语篇教学案例中，可以发现具有以下特点。

首先，本案例展示的是基于英语学习活动观的教学设计，整节课是学生的活动过程。活动设计是为了教师通过教学活动把学习的内容转化为学生的知识和学习能力，同时有教就有学，学习是发生在学生身上的。我们在教学活动设计的时候，要思考每一个环节，比如哪一项教学活动具体落实哪一条目标，这样就有非常清晰的方向。教学目标落实的程度怎么样，如果落实得不够完整，或者出现了困难和问题，可能就需要去做一些弥补性的工作。所以所有的教学目标都应该和整个教学活动设计以及学生落实的情况紧密联系在一起，也为教师对自己的教学做出调整提供依据。教师不仅仅要关注教，同时要特别关注学生学得怎么样。一节课必须有学习的发生和学生能力的生成过程。

其次，语篇教学过程中不同认知、技能和素养发展层次清晰。学习理解类活动包括创设情境，激活学生关于地震的已有知识，引出关于地震严重性的思考。以此为基础，引导学生从语篇中获得新知，通过梳理、概括、整合信息，形成新的语言和文化知识结构，感知并理解语篇所表达的意义和承载的文化价值取向，即地震的危害和人类面对灾难的态度。在进行第三遍阅读时，教师引导学生围绕主题和刚形成的新知识结构开展概括、描述、阐释等交流活动，鼓励对"地震严重性的原因"这一问题的个性化表达，逐步实现对语言知识和文化知识的内化，并通过语境中新语言知识的练习，实现知识的巩固和能力的拓展，促进语言运用的自动化。语篇学习后所留作业旨在引导学生实现能力的迁移和创新，使学生在解决新情境问题的过程中进行想象与创造、批判与评价等超越语篇的学习活动，促成以高阶思维介入为特点的深度学习，帮助学生学会思维、学会做事，形成可迁移、可持续的能力与素养。

再者，教学活动的开展紧扣文本，充分体现了对材料本身的透彻理解和分析。教学应该结合生活实际，但是过多地加入生活中的元素往往会导致对文本本身的忽略。笔者在设计教学时充分强调了文本本身的重要性，导入环节的图片实际上与文章中地震后一片废墟的场景非常相似，有助于学生对震中和震后场面的理解，这对于文本来说，既是一种引入，也是一种强化。在阅读环节，通过阅读提取和概括唐山地震，完全紧扣文本本身。在整体阅读与发表观点环节，始终让学生立足文本，从文本中找出词句来支撑个人观点。最后的迁移创造环节依然是立足于文本本身，而不是完全通过联想和想象泛泛地去评价作者的观点，学生的产出也说明他们一直是紧密结合文本来分析的。

参考文献

[1] 段湘萍. 基于文本解读的高中英语阅读教学实践 [J]. 中小学外语教学（中学篇），2012（12）：21-25.

[2] 高洪德. 高中英语新课程理念与教学实践 [M]. 北京：商务印书馆，2005.

[3] 教育部. 普通高中英语课程标准（2017年版）[M]. 北京：人民教育出版社，2018.

[4] 梅德明、王蔷. 改什么？如何教？怎样学？高中英语新课标解析 [M]. 北京：外语教学与研究出版社，2017.

[5] 吴宇芸. 聚焦轴心问题，让阅读教学彰显本质 [J]. 语文教学研究，2018（6）：35.

[6] 张秋会、王蔷. 浅析文本解读的五个角度 [J]. 中小学外语教学（中学篇），2016（11）：11-16.

四、引导学生形成良好的英语阅读习惯

（一）概念解读

关于什么是阅读，语言学家给出了许多解释。国外学者 Nuttall 认为阅读是读者通过阅读最大限度地获得作者传递的信息。Grenet 认为阅读是一个持续不断的、需要读者进行猜测的过程，读者明白作者没有直接书写的信息，而不仅仅是读出文句表面的含义。国内学者胡春洞、王才仁认为读者通过阅读可以和作者进行交流，一方面读者获得知识，另一方面也发展了智力，培养了情感，所以阅读也是一个高级神经系统的心理活动。朱曼殊、缪小春从心理语言学的角度认为阅读需要读者运用

各学科的知识去理解一段完整的言语意义，而不仅仅是将一些字词的基本含义串联在一起，进行简单的拼凑。在语言学界，也是不同的人站在不同的角度有着不同的理解。《朗文现代英语词典》里对 Reading 的解释是"the activity or skill of understanding written words"（对书面文字进行理解的活动或技巧），而理解为阅读是一个复杂的心理过程。从语言心理学角度，古德曼认为阅读是一场"猜测游戏"，是复杂的心理活动过程。

虽然对于阅读的解释各有千秋，但是这些语言学家都指出阅读是一个思维过程，在这个过程中读者和作者相互作用，读者需要首先理解文字、词语和句子的含义，还要根据文章语境，结合自己积累的知识经验等信息，进行一系列的推理、分析、预测和确认，从而捕捉到作者通过文字传递的内在信息。

对语言学习来说，阅读是吸收语言材料、增加语言知识、扩大词汇量的重要方式。阅读能力是一种综合能力，提高阅读能力能为口语和写作能力的发展打好良好的基础，也能使学生从英语阅读中认识学习英语的真正价值，体验英语学习的快乐，树立学好英语的信心。所以，学生所学的语言知识能否巩固、言语技能能否得到培养与发展，在很大程度上取决于学生能否真正地学会阅读。

1. 英语阅读习惯

国内外诸多研究证明，大量英语阅读对提高英语综合能力有极其重要的作用。Krashen 认为大量阅读对语言习得非常有益。学习者必须拥有大量的与其生活和认知相关的、富有趣味性且容易被理解的阅读材料，通过大量的语言输入逐步习得第二语言。Nuttall 认为："提高外语水平的最好办法就是去讲那种语言的国家居住，除此之外最好的办法莫过于大量阅读。"在高中阶段，四项技能综合训练，侧重培养阅读能力。这种阶段侧重的做法是符合我国的英语教学规律的。高中阶段书面语大量增加，培养阅读能力对学生这一阶段的学习和为大学打基础都非常重要。吸收语言和信息的渠道主要是靠听和读。在中国多数地区，学生不可能以听为主要渠道，但大量开展阅读是可行的。阅读是理解和吸收书面信息的手段，它有助于扩大词汇量、丰富语言知识、了解英语国家的社会和文化。听是理解和吸收口头信息的手段。听和读是吸收，是输入；说和写是产出，是输出。只有足够的输入量，才能保证学生具有较好的说和写的输出能力。在中国这样缺少英语环境的条件下，要迅速大幅度地增加词汇量，要使学生产生语感，训练他们用英语思维，自由地表达思想进行交际，大量阅读是一条捷径。

《高中英语课程标准》修订专家组组长王蔷教授在《中小学生外语阅读素养的构成及教学启示》一文中指出，中小学生外语阅读核心素养的内涵分为"外语阅读能力"和"外语阅读品格"两大方面，共含九个基本要素。英语阅读习惯是英语阅读素养的主要组成部分。

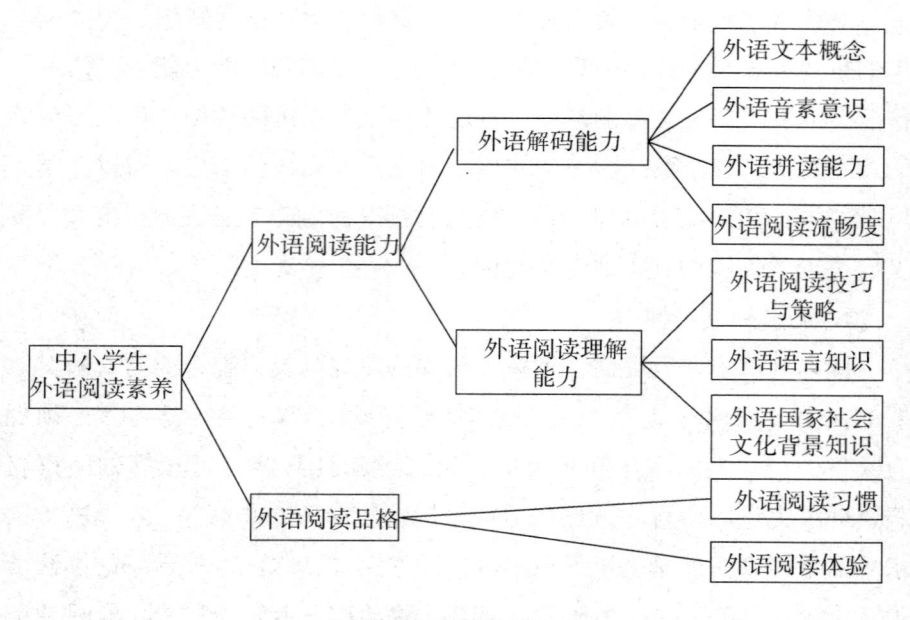

图4　外语阅读素养组成

如图4所示，中小学生外语阅读素养包括外语阅读能力和外语阅品格。其中，外语阅读品格则包括外语阅读习惯（阅读量和阅读频率）和外语阅读体验（阅读兴趣、态度、动机及自我评估等）。外语阅读习惯是外语阅读品格的表现。

2. 自主学习

20 世纪 80 年代后，对自主学习问题的研究渐渐引起关注。霍勒克率先将"学习者自主"这个概念引入外语教学。他把自主学习能力定义为"能负责自己学习的能力"。要想达到教育的一个主要目的——激励学生成为终身学习者，必须帮助学生获得必要的自主学习能力。麦克卢尔等国外研究者提出结合课堂教学引导学习者自主学习，其中提到两点，一是鼓励和指导学习者根据个人的具体情况确定学习目标，制订学习计划。教师列出学习的内容给学生，学生可以按照自己的意愿进行选择。二是大量输入和实践所学目的语言，教师结合学习者的情况提供有利的学习资源，如多媒体学习资源、期刊、报纸和杂志等，以增加英语学习的渠道。自主学习又分为广义的自主学习和狭义的自主学习。前者指学习者通过不同的手段和方法展开的有目的有选择的学习活动。狭义的自主学习是学生在教师的科学指导下，通过积极的创造性学习活动，实现自主性的发展。由此可见，狭义的自主学习意指学校教育，包括了教师、学生、教学内容和教学环境四个教学要素。本文所指的"自主学习"指的就是狭义的自主学习。

（二）教学中存在问题的归纳

2003 年颁布的《普通高中英语课程标准（实验）》十分重视学生英语阅读能力的提高，对高中学生的课外阅读量做了专门的规定："除教材外，课外阅读量六级应达到 20 万字以上；七级要达到 30 万字以上；八级要达到 36 万字以上。"高中毕业时学生的英语水平应达到八级，其阅读量应在 36 万字以上。也就是说，除了课内阅读教学之外，学生的课外阅读是必不可少的。学生只有在大量阅读的基础上理解感悟阅读学习素材，才能够积累丰富的语言文化知识和技能。同时，通过课外阅读，学生自主学习和主动探究的良好的学习习惯才能养成，这会促使他们的语言运用技能不断地提升。但目前学生的课外阅读状况堪忧。

1. 课时层面：阅读量不够

仅靠课本、练习册上的阅读材料很难满足学生的实际需求。中国学生每周有5—6节英语课，每节课45分钟。这6节课中，有2节课用在教材课文的阅读和讲解上，1节课用于学习单词，1节课学习语法，1至2节课用于做练习和练习的讲解，真正用于阅读的时间只有20%左右。这对于提高阅读能力来说，是远远不够的。课堂教学不能实现学生应有的阅读量，而且阅读的时间仅仅限于每周5－6课时。课外大部分学生除了作业中的阅读练习，几乎从来不主动阅读课外材料。

2. 教学理念层面

课堂内外阅读教学模式化。虽然在当今中国中学英语教学有了很大的变革，但不容置疑的是不论采取何种方法，大多数英语阅读仅限于课堂教学，基本上是"讲解加练习"的模式（传授语言知识、讲解语言材料外加单词用法、句法结构、语法规则的练习）。课外阅读的形式多为完成阅读理解题等应试型阅读。

学生在阅读中缺乏主体作用。在阅读课上，学生应试阅读的主体却没有被给予足够的阅读时间，该是学生的阅读行为，教师却越俎代庖；学生回答过的，教师句句重复；学生发言应面向全体同学，教师却成了唯一的听众等。如果学生主体性没有得到发挥，那么就不能主动输入语言知识，就很难提高阅读技能，更谈不上语言的运用了。

3. 阅读材料层面：学生的课外阅读兴趣低

就课外阅读材料而言，课外英语阅读练习册和教材在语言、内容上太像，缺乏真实感和趣味性，使学生没有兴趣读下去。学生们普遍反映他们喜欢内容新颖、语言地道而且比较流行的阅读材料，题材要广泛、真实，贴近生活，最好能从阅读中学点儿词汇。

4. 阅读引导层面

课外阅读效果差。课内阅读有教师监督和每周的作业跟踪和当堂反馈，学生完成得相对好。可是课外阅读，更多的要靠学生的自主学习能力，没有良好的阅读习惯，只是为了应付教师的检查，学生们就随便在书上画几个标记，表示读过了。

学生缺乏课外阅读策略。在阅读过程中，如果遇到生词，即使是符合拼读规律的单词，有一大部分学生也不敢自己尝试按照拼读规律读出单词。学生在阅读时，不能够根据上下文猜测单词的意思，有时对于一词多义的单词不能够准确地判断单词在句中的语义；遇到生词就产生放弃的心理，不肯根据上下文尝试着猜测词义，而是等着老师教。还有些学生过度依赖词典，阅读时词典不离手，只要一遇到生词便丢下书去查词典，然后将查得的词义记下来，再接着往下读。这样不仅影响了阅读速度，使读者体会不到读书的乐趣，也破坏了阅读的连贯性，打断了读者的思路，影响了对读物的理解。

（三）教学关键问题的解决策略

1. 要找到让学生感兴趣的乐于阅读的材料

教师要在课本教学的基础之上提供给学生不同题材和体裁的阅读材料，以扩大学生的阅读范围，开阔其眼界，增加其审美情趣。

作为课外阅读材料，英文原版文学作品有如下优势。首先，一部精心挑选过的、符合学生们兴趣的英文原版文学作品比那些正式教材中生硬的文字表述更能引发他们参与教学活动的兴趣。一部囊括复杂情节和曲折人物故事的原版文学作品不仅可以开发学生们的智力、情感和语言能力，还可以为形式多样的课堂活动（如布置泛读任务、进行文本分析等）注入活力，更能使学生们在成功阅读和讨论文本的过程中得到成就感。其次，阅读原版文学作品能使学生们深入了解另一种文化，感受到想象力带来的冲击，也可以引起他们学习中的挑战欲（文化背景知识对于部分学生来说相对较难）。再者，在原版文学作品阅读过程中，学生们可以培养批判性思维和分析、总结能力，可以扩充词汇量，获取写作灵感。鉴于此，本课题的研究者决定尝试以行动研究的方式，借助英文原版文学打开学生英文原版文学阅读的窗口，以实现提高学生英语学习能力和语言水平的目的。通过设计课堂外的自主学习任务，让学生完成原版文学的阅读。同时，通过课堂内容外的总结反馈活动，设计以英语为工具的教学环境，可让学生在愉悦轻松的氛围和形象生动的故事里，得到地道的英语熏陶，并通过在语言能力上的发展，使其整体英语水平也得到全面的提升。

2. 课外阅读与课堂阅读要有机结合

为了培养课外阅读习惯，教师要通过设计课堂外的自主学习任务，让学生完成课外阅读，并让学生在阅读中学会思考，乐于思考，积极主动进行英语学习，逐渐具备批判性思维能力。在课堂上进行适度指导和引领，重点梳理文章线索，赏析写作手法和挖掘文章深层次的含义，从而帮学生对于语言进行深度学习，对于文本进行文学性解读和文化性意义建构。

3. 开发不同媒体的阅读资源

中学生思维敏锐，活泼好动，课外很难沉浸于文本的阅读中。现代的信息社会中网络传递、加工、存贮与利用大量的信息资源，而这些丰富多彩的网络资源较多是建立在英语语言平台上的。也就是说，网络空间中有大量英语资料，多过任意一家图书馆。而且，网络环境下的英语课外阅读教学有两个优点。首先，题材广泛、新颖。网络有信息承载量大、更新迅速的特点，所以网络英语泛读教学也呈现题材广泛的特点。题材的广泛性体现为信息多样，覆盖政治、经济、科技、教育、文娱、体育等各方面的内容。这一优势有利于拓宽学生的知识结构和激发学生的阅读兴趣，并能增强学生适应各种阅读材料的能力。其次，语言生动、鲜活。网络上可供选择的语言学习资料非常丰富，英文原版文章也很多，英文原版文章的语言的表达方式真实地道，符合英语国家的语言习惯，有助于提高学生实际运用语言的能力。而且语言是不断发展的，新的词汇源源不断地出现。一些新词、新短语、新表达总是最先在网络上出现、运用和普及，所以网络英语泛读教学内容的来源决定了它在语言资料上的优势。

4. 鼓励学生习惯于语言输出，以实效促习惯养成

阅读的最终目的是为了语言的输出，教师在教学中要经常强调学生注重阅读的积累，鼓励学生及时记录课外阅读英语读物的情况，如阅读材料的标题、内容介绍、精彩语言、文化背景材料和读后感言等。

5. 帮助学生掌握一定的词汇策略

阅读材料的词汇不会全是课本上学过的词汇，那么学生阅读的时候肯定会有障碍，但是学生不能抱怨和放弃，要掌握一定的词汇策略。这是教师要对学生进行辅导的内容。同时，采取一定的监督评价措施，可保障课外阅读的顺利进行。

总之，在高中英语泛读教学中，必须始终坚持以学生为中心、以学生兴趣为导向的教学原则，注重教材的选取，同时注意以多元智能理论为指导，发挥各类学生的优越性，从而真正做到因材施教。

参考文献

［1］ Carrell, P. L. *Interactive Approaches to Second Language Reading* ［M］. Cambridge：CUP 1988.

［2］ David Nunan 著. 任晴，张晶晶，王春梅译. 英语语言教学理论与实践［M］. 南京：译林出版社，2008.

［3］ Krashen, S. D. *Principle and Practice in Second Language Acquisition*［M］. Oxford：Pergamon Press Ltd, . 1982.

［4］ 王蔷，敖娜仁图雅. 中小学生外语阅读素养的构成及教学启示［J］. 中国外语教育，2015（1）：16－24.

[5] 王蔷. 核心素养背景下英语阅读教学. http：//www.360doc.com/content/17/0306/13/40147670_ 634404788. shtml.

[6] 张兼中. 外语教学心理学［M］. 合肥：安徽教育出版社，1986.

[7] 张云. 课外阅读——英语教学的延伸［J］. 快乐阅读，2012 (9).

[8] 朱长贵. 自主学习理论在英语阅读教学中的运用［D］. 南昌：江西师范大学. 2004.

[9] 普通高中英语课程标准（实验）［M］. 北京：北京师范大学出版社，2003.

五、培养学生文体意识，提高英语阅读素养

——高中英语阅读课第二课时教学设计探索

（一）背景

《高中英语课程标准》语言技能八级目标要求"学生能识别不同文体的特征"。《高考改革方案》针对英语学科的描述指出"英语，不再是一种通过死记硬背、题海战术获得的知识，而是回归英语作为语言的本质——交流、沟通、应用"。高中阶段注重发展学生的综合语言运用能力，使其能够围绕熟悉话题进行交流，并提出要"能读懂英语报刊、英语用户手册等，能写通知、邀请函等应用文"等具体培养目标。这是真正抓到了英语学习的"命脉"，回归到英语学习的本质。作为英语学习的一项重要技能，阅读的本质是一种通过文本媒介来获取信息、处理信息和创造信息的复杂过程。获取和处理信息是途径，创造信息是最

终目的。通过阅读一篇文章，学生应该获取和理解作者传递的信息；然后，当遇到相似的情境时，学生能够使用通过阅读输入的信息来解决问题，这就是创造信息。PISA（国际学生评价项目）提出要培养学生的阅读素养，将其定义为"为了实现个人发展目标，增长知识、发挥潜能并参与社会活动，以及理解、使用、反思书面文本的能力和对书面阅读活动的参与度"。借助英语这门工具，学生可以探索更多的领域。作为英语教师，培养学生的阅读素养，让学生养成终生阅读的习惯义不容辞。其中，反思书面文本的能力，是培养阅读素养的途径。在阅读教学中，引导学生反思书面文本不应仅仅限于对文章内容的回顾，还应该有对文体的分析，因为不同文体的文章，阅读策略不同，需要捕捉和处理的信息也不同。所以，培养学生的阅读素养时，文体分析应该是一个重要的内容。那么，如何培养学生的文体意识呢？

在英语教学中，培养文体意识最主要的途径，是在阅读教学中开展言语实践。在实践中感知文体和培养文体意识，在文体意识下开展实践。言语实践，既是目的，又是手段。根据不同文体的言语表达特点，教师可以采用多种方法，引导学生参与听、说、读、写等言语实践，使之有所体认和心得，进而逐步形成文体意识。

不同文体的比较也会让学生更明确某一文体的语言特征。在阅读一篇文章的时候，学生不容易明确地分析该篇文章的文体，但如果同一话题的几篇文章同时出现，在对比差异中学生会逐渐明白某种文体的特性。

作者的写作意图分析也会让学生建立文体意识。传统的阅读教学注重对文章结构和语言的分析，但这种做法容易使学生陷入对语言形式的关注上，而真正的阅读素养是让学生学会阅读策略，找到阅读兴趣，使阅读成为一种习惯。生活中的阅读更多的是目的驱动式，对文体的分析有助于读者迅速地判断出如何处理文章信息，使阅读更有效。

下面，就以笔者所做的人教版模块四第五单元阅读课第二课时的教学设计为例，来谈一谈如何在阅读教学中培养学生的文体意识。

（二）文体特征分析案例

主题：文化与旅游（主题公园）

语篇：广告性说明文

知识：介绍主题公园的词汇（词汇知识）；广告性说明文的文体特点（语篇知识）；主题公园的定义及课文中介绍的三个主题公园的特点（文化知识）

技能：理解性技能（读）；表达性技能（说、写）

策略：认知策略、沟通策略、情感策略

文本简析

本单元是人教版第四模块第五单元，话题为主题公园。第一课时是听说课，第二课时为阅读课，课题为"Theme Parks—Fun and More Than Fun"，介绍主题公园给人们带来的乐趣和乐趣之外的收获。本课是阅读课的第二课时，在学生已经读懂了文章大意和细节信息的基础上，引导学生关注文体特征，从词汇和句式及表达语气三方面分析具有广告特性说明文的特点，并在新的情景中通过改写篇章和口头表达加以运用。文体特征是学生很少接触的话题，教师希望通过本课加强学生的文体意识，为培养阅读素养奠定基础。

本课教学目标

在本节课结束时，学生应该能够做到以下几点。

（1）归纳出本篇课文中词汇、人称代词和句式上的特征。

（2）根据归纳出的文体特征改写教师提供的段落，使其具备本篇课文的文体特征，建立初步的英语文体意识。

（3）设计具有说服力的海报内容，介绍一个主题公园。

教学重点

（1）引导学生关注文体特征。

(2) 从词汇、句式、人称代词三方面帮助学生归纳课文的文体特征。

(3) 通过练习增强文体意识。

教学难点

(1) 关注文章的文体特征。

(2) 在语言的输出活动中，强化文体意识。

教学流程

图5 "主题公园"教学流程

学生学习活动

(1) 创设情境，点出话题：教师展示课文中三个主题公园的照片，点明本节课的话题，同时让学生说出名字，帮助学生复习阅读第一课时的内容（学习能力；思维品质）。

(2) 回答问题，激活已知：询问学生喜欢哪个主题公园，并给出原因，引导学生简单介绍主题公园（知识语言能力）。

(3) 主动思考，明确动机：让学生阅读两篇写作风格不同的文章进行对比，引导学生体验本篇课文的文体特点。帮助学生从词汇、句式、人称三方面归纳广告性文章的文体特征（阅读技能）。

（4）提取信息、内化语言：

● 学生阅读课文文本，提取另外两篇文章中文体特征明显的词汇及句式并分类归纳（阅读技能）。

● 让学生改写一篇语言平实的说明文，使它具有广告特征，从而深化文体意识，为口头输出做准备（阅读技能；写作技能）。

（5）创设情境，迁移知识：小组合作活动，做一个海报，口头介绍澳大利亚海洋公园（Sea World in Australia），吸引人们到那里游玩（思维品质；情感策略）。通过合作学习，口头输出实践英语本节课归纳的文体特征，体现知识的迁移（学习策略；口头表达能力；文化知识）。

（6）交流分享，互动评价：各组轮流展示，让学生记录各组广告特征明显的词汇及语言，然后互相评价，选出最出色的一组（学习策略；口头表达能力）。

（7）布置作业：让学生收集更多的关于口头介绍澳大利亚海洋公园（Sea World in Australia）的信息，制作一个海报（poster），吸引人们到那里游玩（思维品质；情感策略）。

评价方式

本节课是一节读写说结合的综合思维和语言训练课，通过作业把口头输出的内容加以落实。本节课的评价方式比较多样化，体现了学生在评价中的主体地位。

——对文体特征学习效果的评价，主要看学生课堂的反应和课后作文中是否能用到所总结的符合文体特征的表达法。

——对阅读能力的评价，主要看学生是否能根据教师的引导分析出本课文的文体特征。

（三）案例简析

作为英语学习的一项重要技能，阅读的本质是一种通过文本媒介来获取、处理和创造信息的复杂过程。获取和处理信息是途径，创造信息是最终目的。通过阅读一篇文章，学生应该获取和理解作者传递的信息。然后，当遇到相似的情境时，学生能够通过阅读输入的信息来解决问题，这就是创造信息。PISA（国际学生评价项目）提出要培养学生的阅读素养，将其定义为"为了实现个人发展目标、增长知识、发挥潜能并参与社会活动，以及理解、使用、反思书面文本的能力和对书面阅读活动的参与度"。其中，反思书面文本的能力，是培养阅读素养的途径。基于以上思考，本教学设计的特点有以下几点。

1. 充分挖掘教材

本节课的课文由三个主题公园的宣传海报构成，从语言上具有广告的说服力、感召力、亲和力强等特点。课文的语言特征往往是学生最容易忽略的内容，而这对文章的深层次理解非常重要，尤其是一些原版文章。本文的问题特征非常明显，教师引导学生从文体角度对文章进一步分析，学习它的语言特点。文体特征是学生很少接触的话题，笔者希望通过本课加强学生的文体意识，为培养阅读素养奠定基础。

2. 从学生的问题出发

本课文展示的是学生既熟悉又陌生的内容，因为学生虽然在头脑里有主题公园的意识，但在主题公园的真正意义上有很模糊的概念。这就给课文的理解和讨论提供了空间。所以在本单元的阅读课第一课时上主要解决的是这一问题，学生通过讨论课文标题加深了对主题公园概念的理解。课文的拓展性练习是让学生设计自己的主题公园，在这一过程中学生很好地演绎了标题的寓意。但笔者发现，学生对主题公园的描述使用的都是介绍性的语言。事实上，学生更多关注的是所设计的主题公园能否给人们提供乐趣，而没有注意到从语言上去吸引别人。这一方面是我没有做这方面的要求，另一方面说明学生在阅读这篇课文时确实没有关注文体和语言特征，与我之前对学生的判断是一致的。所以本节课的设计就要解决这一问题。

3. 教学设计的连贯性

本节课输出部分的话题是 Sea World in Australia，为本单元第一课时听力的内容，体现了教师对教材内容的整合和有效利用。一方面学生在介绍时对这一主题公园有了一定的了解，在介绍上不会产生信息差；另一方面这个内容和课文中的描述有相似之处，听力和课文中出现的词汇在学生输出时可以得到应用。这样学生在完成输出活动中就有了内容和语言上的支持，那么他们的关注点就会集中到文体和语言特征上，这个输出任务就会完成得比较好。

参考文献：

[1] 王尚文. 语文教育学导论［M］. 武汉：湖北教育出版社，1994.

[2] 叶圣陶. 叶圣陶语文教育论集［M］. 北京：教育科学出版社，1980.

[3] 郑桂华. 凸显文本的语文核心价值［J］. 中学语文教学，2008（3）.

六、建构主义指导小说阅读，培养高中生英语核心素养

——一节《小说鉴赏》阅读课的教学设计

（一）背景

1. 英语学科的核心素养

全球化进程的加速使越来越多的人意识到英语作为语言交流工具的重要性，英语课程改革更进一步提出了通过外语教学来培养学生的核心

素养的要求，引发了教育者们对核心素养的思考。研究者指出，核心素养应当包括两个方面，即认知的与非认知的。认知方面指的是学术、知识，非认知方面则是指价值观、情感态度等。21世纪技能可以包括三方面，即学习和创新技能，信息、媒介与技术技能，生活与职业技能；另外，批判性思维能力、解决复杂问题的能力、创造性的思考能力等，也都属于今后培养核心素养中应包括的内容。这就要求教师应摒弃以往以"考试"为中心，以"课本"为纲要的传统教学模式，重新审视英语教学及培养目标。在传统的英语教学模式中，教师在很大程度上依赖教科书，较少结合实际充实一些必要的英美文化背景的知识等，使教学失去弹性，因而也就失去了许多功能性和时效性。从2015年9月起，笔者在高一教学中引入了小说阅读这一内容，使用《典范英语9》作为校本教材。该教材语言地道，内容丰富，具有英语语言国家的文化特征，非常有利于培养学生综合运用英语的能力。而且该系列小说语言灵活，话题新颖，更偏向于英语语言国家的文化意识。阅读原版小说可以使学生不出国门就能和西方学校的学生们接受同样的英语教育，在潜移默化中提升其学科素养。在教学模式上，笔者进行了这样的探索，设计了课堂外的自主学习任务，以便让学生完成小说的阅读。同时，在"小说鉴赏"的课堂上设计任务，让学生对小说内容进行反思及内化，通过不同形式的讨论和展示，对阅读的内容进行输出。

2. 以建构主义学习理论指导学生课外阅读教学

学习是一个人获取知识的过程。英语核心素养提出英语教育的价值在于促进人的心智发展，有意识的自主学习应该是心智发展的一部分。建构主义学习观认为，知识不是通过教师传授得到的，而是学习者在一定情境即社会文化背景下，借助其他人（包括教师和学习伙伴）的帮助，利用必要的学习资料，通过意义建构的方式而获得。英语的课堂外进行的阅读活动是一种学习行为，具备建构主义学习观所提出的这几个因素。首先，学生的自主阅读过程是自己获取知识的过程。整个小说的阅读使学生在概括阅读主旨、复现单词和文化意识等方面都得到了潜移默化的提高。在面对生词的时候，没有教师讲解，学生可以借助工具书来查找单词，这是有意识地在获取学习资料。如果不查单词，学生也会通过上下文有意识地猜测词义，这是很好的英语学习策略的培养。本次公开课学生讨论的这部小说 Black Dan，有一些描写动物动作、神态和声音的句子，很多学生并没有查找词典，而是基于生活中养宠物的经历做出了正确的判断。

培养学生阅读的内动力。根据建构主义学习理论关于"自主建构"的观点，在课外阅读指导中，应由过去注重教师的"外部输入"转变为关注学生内部动力的生成，强调如何使学生想读。为此，要关注学生阅读动机的生成。《典范英语》系列小说都以十几岁的孩子为主角，反映孩子学习和生活的经历，在内容、形式上与学生的心理需求有相似性，就能使学生产生共鸣，激发起阅读的动机。语言上以生活化的词汇句式为主，迎合学生的阅读兴趣，有的语言略高于学生的理解能力，但多数在学生的可理解范围内。

关注学生课外阅读成就感的生成。实践证明，当一个人的行为产生积极的自我体验，同时又得到他人肯定时，他的人格就能正常发展。学生的课外阅读活动中，适时组织有趣的活动，让学生展示自己通过课外阅读所获得的新信息，并给予其积极的评价，学生就能看到自己的进步，获得成功的快乐，从而激发自己再去阅读，使自己的认知水平达到一个新的高度。在学生阅读《典范英语》的每一本小说后，笔者组织了多种活动，通过合作阅读、相互交流、分组讨论、正反争辩等形式，让学生充分释放自己的积累，展示自己的收获，感受到课外阅读给自己带来的成就与快乐，从而形成愉悦的课外阅读氛围。

同时，课外阅读也锻炼了学生解决复杂问题的能力。遇到阅读中的长难句，学生要想办法解决，求助他人或者自己查找；阅读时间的获取，阅读任务和各学科作业的平衡，都有助于学生去分析和解决问题。

<<< 第二章　阅读教学相关理论研究与实践

为此，在外语课外阅读指导过程中，以建构主义理论为指导，可以提高课外阅读效益，同时也促进了学生外语学科素养的形成。

（二）以建构主义指导小说阅读的实例

1. 课题分析

本课是小说阅读赏析课。Stevie 一家搬到一个森林边缘的一个小茅屋里。在这里，他们遇到了一只名叫 Black Dan（布莱克·丹）的狗。Stevie 很喜欢它并且收养了它。这是一只用于比赛的狗，以前的主人是老比利（森林管理员告诉 Stevie 的）。老比利有七只名叫 Black Dan 的狗，布莱克·丹是第七条，所以又名 Black Dan Seven（布莱克·丹 7 号）。其余的六条在比赛失利后或老去后，老比利就会喂给它们有毒的肉丸从而害死它们，但布莱克·丹 7 号不吃并且逃走了，算是个幸存者。在茅屋的第一个晚上 Stevie 就听到了凄厉的叫声，听起来像是狗的呻吟和咆哮。Stevie 通过卧室的窗户看到了六对红色的眼睛。布莱克·丹 7 号在屋子内挣扎着要出去。第二天，Stevie 告诉他的父亲这些奇怪的事情，但他的父亲不关心这些。Stevie 带着布莱克·丹去森林里散步，遇到森林管理员，他告诉 Stevie 老比利做的那些丧心病狂的事情，Stevie 开始怀疑那六双眼睛可能是死去的那六只狗的灵魂。就在当天晚上，号叫和呻吟声再次出现。布莱克·丹 7 号从门缝里逃出，冲入森林。Stevie 跟着跑了出去，并且最后在森林里迷了路，被那六只幽灵狗包围了。危急时刻，布莱克·丹 7 号及时赶来救了 Stevie，并且朝着那六只幽灵狗吠叫。之后，那六只幽灵狗消失了。关于小说中幽灵狗的存在与否是"仁者见仁，智者见智"的讨论，也是小说阅读的魅力所在。本篇小说旨在引导学生珍惜生命，爱护动物；鼓励学生在生活中用积极的心态对待恐惧，勇于战胜恐惧。课前学生已经阅读过小说，课堂上笔者给学生提出了一些深入探讨小说主题的问题，让学生带着这些问题对书中的有关章节做进一步的阅读，再进行讨论。通过这样的问题激发学生的学习兴趣和主动探索精神，再通过展开讨论，把对有关教学内容的理解逐步引入深层，从而让学生读懂了本篇小说的主旨实际上是人和动物的真挚情感。在这样的教学环境中，学生始终处于主动探索、主动思考、主动建构意义的认知主体位置，但是又离不开笔者事先所做的精心的教学设计和在协作学习过程中的引导。

2. 情景设置

建构主义理论的内容很丰富，但其核心只用一句话就可以概括：以学生为中心，强调学生对知识的主动探索、主动发现和对所学知识意义的主动建构。在本节课一开始，笔者让学生观察小说 Black Dan 的封面和题目，让学生讨论：为什么封面上有一群狗，而小说的题目却看上去像是一只狗的名字？这群狗和 Black Dan 是什么关系？然后让学生回忆小说的主要角色，学生一致认为主人公是男孩 Stevie。笔者问学生，为什么小说的主人公是 Stevie，而小说

图 6

的题目却是狗的名字，Stevie 和狗 Black Dan 是什么关系。在课刚开始时，学生对这些问题的回答流于表面，提炼的是小说中事实性的信息。教师先肯定学生对小说事实信息做了正确的提取，同时把这些问题留下，让学生通过深入阅读后再次回答。这样，通过创设问题情景，使学生发现问题，进而引导他们对小说内容做深层次的探究。

3. 教学方式设计

建构主义的情境性学习理论强调在教学中把所学的知识与一定的真实任务情境或模拟的任务情境联系起来，让学生解决情境性的问题。由于问题自然而然地产生于真实而复杂的背景中，使学生感受到问题与背景相关联的同时，也感受到问题是自己的，而非教师强加的。呈现在学

生面前的问题就成了一种特定的学习任务,而解决这些问题就构成了学习活动。在这节公开课上,笔者在课堂设计上采用了"整体输入、整体感悟,整体输出"这一教学手段,为学生创造一种丰富、真实、轻松、自然的语言环境,让学生在这样的语言环境中整体感知语言,融合了语言知识和语言技能的学习。

基于建构主义布置课堂合作学习

建构主义的教学观强调合作与交流的作用:学习者以自己的方式建构对事物的理解,因而世界上不存在唯一的标准的理解,但学习者的合作可以使理解更加丰富和全面。在本届公开课上的课外阅读汇报环节中,笔者开展了"阅读角"活动,四名学生组成一个阅读小组,每人负责一个内容,从不同角度把读到的内容进行交流。一名同学负责介绍故事,根据图片介绍小说的相应内容;一个同学负责分析人物性格,对小说中的主要角色进行性格分析;一名学生负责语言,跳出小说中描写生动的语言并分析语言特色;还有一名学生负责提问题,针对小说内容进行提问,引导大家对小说进行深层次讨论。每一节课按顺时针调整,以保证学生轮流完成不同的任务。不同学生的认知能力、思维角度和深度都有差异,每个人以自己的方式建构对事物的理解。世界上不存在唯一的标准理解,但学习者的合作可以使理解更加丰富和全面。通过合作学习,学生交流与合作的能力得到了提高,也有助于其核心素养的培养。

以建构主义设计学生的课堂讨论

本节课一开始,笔者提出的有关本书封面和主人公的问题引导学生带着这些问题对书中的有关章节做进一步阅读。通过这样的问题发掘学生的学习兴趣和主动探索精神,再通过展开讨论,把对有关教学内容的理解逐步引入深层。经过"阅读角"的讨论后,学生对小说的内涵有了深刻的理解。在公开课的结尾,学生读懂了本篇小说描绘的人和动物的真挚情感,笔者就引导学生回到课堂开始的问题:为什么小说的题目是狗的名字?学生做出了这样的回答:其实小说的中心角色是 Black

Dan。Black Dan 是七只狗的统称，揭示了老比利对狗的迫害，是人和动物不和谐因素的表现；同时，Black Dan 7 号与 Stevie 的故事又体现了人和动物的和谐。所以，这个题目蕴含着小说的主题。理解了小说的题目后，笔者给学生布置了这样的任务：让学生为小说重新设计一个题目，并设计相应的封面。这样，学生基于对小说的理解，自然而然地就给出了 Human and Animal，Protection，Endless Love 等题目，并配上了体现人和动物关系的封面。这是一个开放的任务，没有唯一的固定答案，对任务的解读和完成的过程就是学生把自己置身于情境中潜移默化获取知识的过程。

以上是笔者基于建构主义设计小说阅读鉴赏课的尝试。作为语言学习的指导思想，建构主义在英语教学中尚有更广阔的领域等着研究者们去开拓、去研究，以切实改变陈旧的教学方法，积极培养学生的兴趣，引导学生主动参与、乐于探究、勤于动手，培养学生搜集处理信息的能力、获取新知识的能力、分析和解决问题的能力以及交流与合作的能力，最终提高学生的素养。

参考文献

［1］龚亚夫：《构建英语教育的核心素养体系》，2015，http：//blog. sina. com. cn/s/blog_ 51a6f03f0102vjc7. html.

［2］建构主义：http：//baike. haosou. com/doc/6245366 - 6458769. html.

七、在阅读教学中培养完形填空的解题能力初探

完形填空是各地英语高考必考之题，也是英语高考中最难的一部分，而且分值很大，一般为 20—35 分，约占总分的 1/4 到 1/3。从一定

程度上说，能否在这一题目中拿到高分，决定了学生能否在英语高考中得高分。这一测试方法1953年由威尔逊·泰勒创设，它是一种测试读者预测和理解不完整语言信息能力的方法。完形填空选材一般比较新颖，具有现代气息，趣味性强并兼有教育意义。一般来说，短文的长度在300—360个词左右，平均挖空密度是每两空之间大约为10个单词左右。尽管文章有意挖去了一些词或短语，使信息链中断，造成间隔性的语义空白，但仍不失为一篇表达完整的文章。如果考生不能理解文章内容，就难以将正确的词填入文中。所以在一定意义上，完形填空的能力和阅读理解的能力密切相关。完形填空的教学，是高中阅读教学的一部分。

对于绝大部分学生来说，完形填空的解题能力都比较差，所以如何在教学中培养学生完形填空的解题能力是高中英语教师的一个难题。笔者认为，完形填空的解题能力不能完全等到高三进行高考复习时再去培养，应从高一高二阅读教学的点点滴滴中抓起。本文要探讨的是如何在词汇、语法、篇章教学中培养学生完形填空的解题能力。

（一）近年完形填空的命题特点

要想培养学生完形填空的解题能力，每个教师必须了解近年完形填空的命题特点。《高中英语课程标准》和《考试说明》在说到高考完形填空时说，完形填空是NMET试题中的一个重要部分，"完形填空……在一篇题材熟悉、难度适中的短文（约250词）内留有20个空格，每个空格为一题，每题有4个选择项，要求考生在全面理解内容的基础上选择一个最佳答案，使短文的意思和结构恢复完整。填空的词项包括结构词和实义词"。"完形填空部分的目的是测试学生综合运用语言的能力"。中国自恢复高考以来，高考英语试题一直在沿用各种形式的完形填空题，从1986年高考英语试题大规模采用"标准化"试题开始，高考完形填空题逐渐系统化。然而，从20世纪80年代一直到90年代晚些时候，虽然在一定程度上高考英语完形填空题能测试出考生"综合运用英语"的能力，但其中很多题仍具有语法题的痕迹，考得比较呆板，考生只要平时死记硬背一些单词、短语、句型、语法知识等，在这部分就可以得到较为理想的成绩。2004年以来的全国及各省单独命题的高考英语完形填空题，命题趋向有了较大变化，体现了"新课标"的要求：试题进一步由"知识立意"转向"能力立意"，试题的灵活性进一步增强，试题的形式和结构进一步灵活、完善，试题进一步突出考查"主干"知识的运用等。分析2004年以来各地完形填空试题，以下特点较为突出：突出语篇，第一句不设空，但对全文有铺垫作用。辨析词义，以实词为主，长句增加，句式灵活，结构复杂。

（二）学生在完形填空的解题上存在的问题

1. 只重视点，做不到点线面的结合

学生往往把完形填空错认为是单句填空，但实际上完形填空很少有单纯的语法项，必须借助上下文理解才能正确解题，文章都是前后连贯、符合逻辑地向前发展的。短文的空白处的正确答案和其上下文在意义上和结构上都有这样那样的联系，因此必须注意参照上下文，连贯思考，在了解文章大意的基础上，对每道题所给词语的确切含义进行比较分析，并考虑全文整体意境的影响，做到瞻前顾后，上下文呼应，运用逻辑推理的方式来答题，切不可自行断定。

2. 能做到身临其境，但很难做到体会三种角色（文章作者、文中人物、命题者）

学生的"自我"意识在做完形填空时格外突出，总是从自己的思想意识出发，但其实这是完形填空的大忌。因为完形填空题是把别人已经写好的一篇文章挖出空来让学生填，考查的就是学生的理解力，而这种理解是对作者意图的一个最基本判断。学生应该想作者所想，不应该本位主义。

3. 词汇辨析能力不强，词汇理解和活用不够

完形填空对词汇的考查主要体现在不同语境下词汇含义的辨析。四个选项在语法上都对，但这篇文章要求的是符合作者交际需要的某个特定词汇。在这个过程中，要注意文脉走势，注意语境和有关提示。

4. 做题急躁，只顾填空，不管完形，忽视句式

某些学生只顾用选项把句子补全，而不顾及段与段、句与句之间的衔接是否连贯。

（三）日常教学中培养完形填空的解题能力

针对完形填空的命题特点和学生的解题错误，笔者认为完形填空的解题能力的培养可以从以下几方面入手：通过课文的整体阅读，提高篇章意识，找到上下文对目标词句的暗示；在不同的语境下辨析词汇的含义；简化句子，突破对长句的理解。

1. 词汇教学

用英语解释单词的准确含义。有的时候汉语的单词释义会把一个单词的含义缩小或扩大，所以最好让学生学会英英互译。在基础阶段，如果学生用英文解释一个单词比较困难，可以给出英文解释让学生猜单词，用这种方法也可以让学生掌握单词的准确含义。有的时候学生词汇辨析能力不强是因为他们并没有确切知道这些单词的含义，所以用这种英英互译的方法可以辨析近义词。有些在汉语翻译上含义接近的词在英语里其实含义泾渭分明，例如：

Find out the words according to the explanation：

① To get gradually used to a new situation, by changing your attitudes or the way you do things. (adjust)

② To gradually change your attitudes or behaviors, so that you get used to a new situation and deal with it effectively. (adapt)

设立情境帮学生学习单词。通过设立情境，单词含义既明确又难

忘，最简单的办法是用图片设立情境。例如"gather"一词，根据图片学生可以看出两大主要含义：

Clouds are gathering in the sky.

图 7　情境（一）

People are gathering to enjoy the spring.

图 8　情境（二）

在篇章中展示词汇。把单词放在文章中展示给学生最贴近完形中对词汇考查的要点。如果学生在语境中掌握单词，那么将来相似语境出现时学生就会灵活运用。

President George W. Bush and British Prime Minister Tony Blair shake hands after they conclude a joint news conference at the Camp David, March 27, 2003. "The United States and United Kingdom are acting together in a noble purpose. We're working together to make the world more peaceful; we're working together to make our respective nations and all the free nations of the world more secure; and we're working to free the Iraqi people," President Bush said.

相关词汇辨析。词汇辨析是词汇教学的难点，也是完形填空考查的难点，日常教学中必须重视。它看似枯燥难解，有时却可以轻松应对。请看用图片诠释 reject, resist, boycott 三个词的区别：

图9　词汇辨析

2. 篇章教学

在做完形填空时，同学们应能快速阅读全文，分析文章结构，理解文章主题思想和构架，并注意培养阅读语感，提高准确判断的能力。所谓"先完意，后完形"就是指这一点。

近年来，高考试题对阅读理解能力的考查力度加大。阅读是英语学习必须掌握的技能，而阅读理解题是考查学生语言运用能力的主要形式，其体裁多样，内容广泛。做阅读理解题时应根据文章的主旨和作者的意图加以判断，不能将自己的主观思想强加于作者头上。这种意识也要日积月累。

培养主旨概括能力

完形填空做题的第一步是阅读。这种阅读是略读（Skimming），即迅速浏览全文，抓住文章的大意和主题句，明确作者的态度和意图。从语篇整体出发，把注意力集中在通过文字符号获取信息上，即按文章所给的标题先对文章的内容与含义做出推断，理解作者所要表达的意思。通过略看文章的总体结构安排或文章的标题来预测文章的内容及深层含义，可从下列几方面去推测：（1）文章写了哪几方面的内容？（2）作者将从哪几方面来阐述？（3）内容将如何发展下去？这些问题对理解文章的主旨，总结作者写作思路、态度观点很重要。这种能力是阅读的要求，也是完形填空一种必不可少的能力。

学习分析篇章结构

完形填空的应试者应具备在语篇上综合运用语言结构的能力。完形填空中所填的词是与文章的上下文紧密联系的，因此，要做好完形填空，必须要在通读全文、把握结构与大意的前提下，根据所提供的选项及句子的结构、语法、语篇等信息，通过逻辑推理、对比等手段最后确定答案。因此分析篇章结构是完形考查要点，也是阅读的技巧之一。所以通过阅读练习中分析篇章结构，也能有效地提高完形的解题能力。以下一篇阅读的语篇分析可以为完形填空的解题思路提供很多借鉴。

Reading E

A new study has <u>found no evidence</u> that sunscreen, commonly used to reduce the risk of skin cancer, actually increase the risk.

...

They said that they <u>found flaws</u> in studies that had reported associations between sunscreen use and higher risk of melanoma.

...

The researchers said that among <u>the problems with some earlier studies</u> is that ...

Q72 The underlined word "flaws" in the 2nd paragraph most probably means _____ .

  A. evidence B. facts C. faults D. failures

为了找到 72 题的答案，学生需要从整篇文章中寻找线索，才能分析出正确的答案。而这一思路和完形的解题思路不谋而合：做完形题必须要从整篇文章入手，通篇考虑，结合上下文答案寻找线索这一思想。所以在进行阅读训练的同时，也提高了完形的解题能力。

读后练习是为了检验阅读效果，看读者对文章的理解力如何。有的练习在一定程度上也能促进完形解题能力的培养，以无词填空练习为例，学生在阅读完文章后做这种练习，由于本身对文章内容有一定的了解，这就像学生在做完形时，已通过略读对文章主旨有了概括。无词填空时让学生通过对文章整体含义的把握对空格内容进行补充，培养学生的推测、分析和判断能力，而这几种能力都是做完形填空所需要的。无词填空练习比完形练习要难一些，但作为阅读后练习难度有所减少，而对完形解题能力的培养有一定的指导作用。下面是高三 unit 5 Advertising 一课后的阅读后无词填空练习，可以用来训练完形的推测能力。

  Advertising is a _____ (highly developed) industry. It has gone _____ (hand in hand) with radio, television and other media.

  People _____ (react) to ads in different ways. Some think ads are useful and help _____ (consumers) make informed _____ (choices) while others _____ (accuse) companies _____ (of) using ads to mislead us. Companies can influence customers' choices by introducing a _____ (brand) name and _____ (by associating) products _____ (with) customers' needs. There are so many ads for customers that advertisers must try to _____ (get) their message _____ （across）by _____（appealing to）their emotions.

"完形"对词汇的考查很重要的一点是要求学生体会具体语境下的词义辨析，这就要求老师平时要将词汇和语境联系起来。文章能够给词汇提供很好的语境，所以在阅读中教词汇是让学生清楚地掌握某一个词汇的具体含义以及辨析近义词的好办法。同时在阅读中认识和学习生词，会让学生在有意无意中扩大词汇量。

It（the gold box）was gone. Everything about the house was exactly how Jack remembered it, except for the box. He figured（to form a particular opinion after thinking about a situation）someone from the Belser family had taken it.

在这一语境下，except for 和 figure 的含义就很醒目了。

3. 语法教学

不管是前几年传统意义上的完形填空还是近年来新课标指导下的以知识运用为主的新完形，语法知识都在潜移默化中影响着正确率。当前英语中的完形填空试题，并不直接地去考查语法知识。但是，解答试题的前提是读懂文章，而读懂文章就必须懂得语法。所以，在日常教学过程中，对语法的教学也对完形的解题能力有帮助。如：There is something wrong with his bike.（A. something wrong B. anything wrong C. wrong something D. wrong nothing）这是根据词与词、词与句、句与句之间的内在联系，正确运用语言、语法知识完成填空的题目。这主要是考查我们不定代词和形容词之间的关系，即形容词修饰不定代词应放在它的后面，因此只有 A 和 B 符合这一点，然而这是一个陈述句，所以只能选 A。又如：We have been here since two years ago.（A. were B. are C. have been D. have come）这句就是考查我们对现在完成时态的掌握程度，即"表示从过去已经开始一直持续到现在的动作或状态，常和表示一段时间的 for 或 since 短语连用，动词应为持续性动词"。为此，本题要么选 C 要么选 D，但选项 D 中 come 是短暂性动词，所以只能选 C。做完形的第一步是速读，迅速地找出文章主旨和作者意图，而第二遍就要析读了。析读旨在分析文章，从语法、语言知识或文意上入手，分析空格在句中或文中的作用，分析词、句、段、文相互之间的内在联系，在理解词、句、段、文意的基础上达到解决问题的目的，因而析读时要尽力找出解决问题的关键词、句或段，做到答有所依，这是解题的关键所在。而做到这一点没有扎实的语法知识是不行的。

简单句基本句型帮助学生了解句子成分，可为解完形题提供基础。要想做好完形题，必须抓好五种基本句型结构教学。几乎所有的英语句型都是五种句型的扩大、延伸或变化，因此训练学生"读"就要抓住五种基本句型的训练，让他们把这五种基本句型记牢。完形阅读是句式不完整的情况下的一种难度较大的阅读，更要求学生基本句式的知识要扎实。

非谓语知识可帮助学生分析长难句。阅读中长难句主要是糅进了从句和非谓语等复杂语法。如果非谓语的知识掌握好了，阅读中分析长句的能力就会提高，相应的完形文章中分析不完整长句的能力也会提高。

对连接词的掌握可帮助学生了解语篇。语篇对于完形解题的重要性不言而喻。语篇是由句子构成的，句子之间的线索主要指逻辑关系，如转折、因果、递进等。句与句的连接很大程度上依赖连接词，所以学好连接词对理解语篇意义重大。

近年来的 NMET 完形填空理解短文的句式结构趋向复杂，语法知识在完形中的作用已经突显出来。如在阅读中遇到令人费解的长句、难句，就可以借助语法，对句子进行适当的分析，搞清各部分的关系，从而准确理解整句的意思。

完形填空是高考中难度系数较大的题型，它要求学生具有一定的词汇量、语言语法知识和解题技能。这也就要求教师在平时要对学生进行扩大词汇量、加强语言语法知识的学习和解题能力的训练，只有这样学生解题才能游刃有余。

参考书目

[1] *LONGMAN Dictionary of Contemporary English updated edition*，Pearson Education Limited，Tenth impression，2007.

[2] 中华人民共和国教育部. 全日制义务教育普通高级中学英语课程标准（实验稿）. 2003.

八、基于原版教材课文的高中英语课外活动探索

（一）研究背景

在传统的英语教学模式中，教师在很大程度上依赖教科书，较少结合实际充实一些和时事挂钩的教学内容，如必要的英美文化背景知识等，使教学失去弹性，因而也就失去了许多功能性和时效性。所以一方面教材的选择很重要，另一方面教师对于教材相关的课外知识的拓展必不可少。使用英语原版教材是指将原版教材作为学习材料，进行口语、听力、词句等方面的学习。其意义在于：（1）原版教材真实地提供了良好的语言环境。如语言知识的呈现方式——原版教材中词汇、语法都是通过生动真实的语境来呈现，有利于学生的理解和操练。（2）活跃课堂气氛。研究表明，外语的学习效果与情感因素关系甚密，可以减少影响语言学习的消极因素。原版教材的内容、话题、活动设计新颖活泼，能体现交际需要，能够营造轻松活跃的课堂气氛，对提高学习效率无疑会有所帮助。（3）有助于提高学生的语音语调。原版教材的听力材料是不同性别、年龄的人之间的对话，由于其地理区域、社会文化、职业等不同，是最能体现多样性、差异性和最接近现实生活的语言。（4）原版教材的词汇量大，而且语境性强，有利于长期记忆。（5）对

培养学生的跨文化交际能力有着积极的作用。语言是社会文化现象，是社会文化的载体，学习语言就是学习社会文化，反过来要学好文化就得学好语言。而原版材料是综合文化的体现。使用原版英语教材既是学习英语语言，也是学习英语文化。基于上述思考，从 2012 年 9 月起，笔者所在学校使用了英国原版教材 *New Headway English* 中级版作为校本教材。

相对于原来的人教版教材，该教材语言地道，内容丰富，具有英语语言国家的文化特征，非常有利于培养学生综合运用英语的能力。但该教材课文的词汇量大，语言灵活，话题新颖，更偏向于英语语言国家的价值观和文化意识，对于没有接触过原版教材的高一学生来说很有难度。同时，教师们发现课堂时间远远不够消化教材的内容。增加课时解决不了根本问题，放弃原版教材不利于学生能力的培养。要解决学生和教材课文间的差距，最主要的是提高学生能力，让学生慢慢适应教材。英语教学的语境非常重要，在缺乏真实的英语语言环境下，教与学都很难，所以教师在课堂上要为学生创设学习语言的环境，课下也要引导学生更多地接触语言和使用语言，从而课堂课外相结合，提高学生综合运用语言的能力。阅读是语言输入的途径，在课堂阅读教学中，教师可以教授阅读策略，阅读文章中的词汇、语法和篇章结构，但这些知识和技能的讲授仅凭课堂教学是无法让学生掌握的，只有通过大量的课外活动才能使学生对知识和技能融会贯通。传统的课外活动就是词汇、语法和阅读文章的机械化练习题，这在一定程度上能够巩固课堂所学内容，但严重影响学生的学习兴趣和违背语言的学习规律。所以，阅读课如何进行课外延伸从而让学生在课堂上学到的阅读策略、词汇、语法和篇章结构能够转变成学生的英语能力，是教师们面临的一个课题。

（二）研究思路

自《高中英语课程标准》提出改革英语教学开始，我国英语教学界已开展了近十年的探索与实践。多数教学研究只开展于课堂之内，而关于课外延伸英语教学的理论探索和实践报道却鲜见于报刊。很多教师以读后活动的形式对课堂阅读教学进行了课后延伸的探索，为本研究做了很好的铺垫。本研究希望在前人的基础上，综合一些成功的案例，结合本校原版教材的使用的背景，总结课堂教学的成果，并推广到课后的延伸活动中，从而在听、说、读、写四方面提高学生的英语能力，力求在课外延伸的思路和方法上有所突破。当今教育改革提倡外语教学要以提高学生"综合运用语言能力"为根本，笔者从阅读教学的课外延伸对学生综合运用语言能力的培养上进行探索，希望提高课堂内外英语教学的实效性。同时，尝试实践《英语课程标准》提出的教学模式，优化教学方式，培养学生英语学习的策略，同时改变学业成绩单一的评价标准。研究内容包括课外网络阅读、拓展阅读与读书笔记的结合、基于阅读的戏剧表演等。

（三）研究内容

本研究主要探讨如何利用英语课堂教学的课外延伸提高学生综合运用语言的能力。研究重点是力求在课外延伸的思路和方法上有所突破。把课堂教学的成果，推广到课后的延伸活动中，从而在听、说、读、写四方面提高学生的英语能力。以原版教材的一篇课文为例，展示如何通过课外活动对课堂教学做出有效的补充。

在本次研究中，英语课堂教学的课外延伸包括从读到读，从读到写，从读到听和从读到说。其中，从读到读，指课外布置学生课堂教学与课文话题相近的原版课堂教学材料，如网络上的原版文章，以此来巩固对课文背景文化的了解，从而更好地理解教材文章；在一定时间内，让学生阅读原版小说或英文网页，演练课堂讲授的课堂教学策略，培养英语学习习惯。从读到写指通过读后感来总结反思课文内容，同时培养学生的判断性思维。从读到听是让学生欣赏与课文话题相关的影视作品，了解背景知识和文化。从读到说指以课本剧或英文小品的形式展示课文的内容，使学生加深对课文的理解，同时改变课文的过程也是写作的过程。以上这些课外拓展活动都会为学生提供输入真实的语言和使用语言的语境，都能帮助学生巩固课堂上所学的词汇和语法。

表4　课外延伸

单元标题	课文	课外活动形式	内容	预期目标
Unit 1 It is a wonderful world	Modern wonders	Grammar	Naming the tense: Great inventions in the West	归纳语法结构或要点并在所给情境中正确使用
		Speaking	英语小品: My invention	发表见解，表达思想
		Viewing	TED演讲视频欣赏: Great inventions	捕捉到听力材料的主要内容并做出评价
		Vocabulary:	Use target words to describe great inventions in your mind	能够用目标词汇描述或评论所创立的情境
		Writing	Four great inventions in ancient China	口头或书面对本单元的话题做出总结（不少于8句）

（四）研究结论

课堂教学的课外延伸有利于课堂教学策略的巩固。《英语课程标准（实验稿）》明确指出："使学生养成良好的学习习惯和形成有效的学习策略是英语课程的重要任务之一。教师要有意识地加强对学生课堂教学学习策略的指导，让他们在学习和运用英语的过程中逐步学会如何学习。"学习策略影响着英语课堂教学学习的效果。课堂教学中教师引导学生学习课堂教学策略，通过课外课堂教学实践加以巩固。使用有效的英语学习策略，不仅可以大幅度地改进英语学习方式、提高学习效果和质量，还可以减轻学习负担。

课堂教学的课外延伸有利于英语语言文化的学习。任何文本本身并无意义，它只为读者提供指令，使其从自己旧有的知识中调出意义。这个旧有的知识称为背景知识。而整个旧有知识体系则叫作"背景知识框架"。课堂教学文章是文化的载体，文化则是语言的环境，语言是文化不可分割的一部分。所以，学习语言就必须了解有关的文化背景知识，如果缺乏相关的背景知识，不了解文章相关场合，便无法理解语篇。学生在课堂学习与文化紧密相连的文学作品时，由于缺乏相关的背景知识，常用本民族的文化知识去理解，往往找不出上下文的关系，体会不到文章的内涵，严重影响对文章的准确理解。课堂教学中，教师可以辅以相关的文化知识，帮助学生理解课文。在课后的延伸活动中，教师可以引导学生自主学习与课堂教学相关的文章，从而获取更多的背景知识，从而更好地理解课文。

课堂教学的课外延伸有利于学生词汇的学习。词汇量对于课堂教学非常重要，众所周知，没有语法，很多东西无法传递；没有词汇，则任何东西都无法传递。学生掌握的词汇量大小直接影响课堂教学，词汇量小是制约部分学生课堂教学提高的根本原因。词汇的学习很大程度上要在语境中进行，在课堂教学的课外延伸中，学生可以增加词汇在不同语境的复现率，从而提高对词汇的识记和领悟能力。

对学习动力有益。从学习外语来看，一般是思维发展水平较高、学习能力较强的学生，学习的自觉性强、悟性高及学习策略也较正确。一些思维发展中等水平、学习能力较弱、比较懒散的学生，学习的基础差，自觉性不高，在学习上处于被动状态。他们在学生中大约占35%左右。成就动机最早的研究者阿特金森和迈克勒伦认为，人类的成就就是追求成功和害怕失败之间情绪冲突的结果。力求成功者具有较强的自我发展内在动力，更加注重于学习活动的内在卷入。德威克等人的研究揭示，力求成功者持有"能力发展观"，认为在主体的努力下，能力是可以不断增长的。研究者所在学校是北京市重点中学，学生的学习能力较强，成功欲望高，但学习能力有差异。课堂教学满足的是整体学生的需求，对能力较弱的学生来说，完成不了课堂任务会使他们产生挫败感。在课外延伸活动中，教师根据学生能力分配不同的任务，有利于各个层次的学生都从学习中获取幸福感，从而增强学习动力。

（五）研究反思

通过原版教材学习的课外延伸，笔者看到了学生在学习动力、阅读策略和文化意识等方面的进步，但也发现了一些需要进一步研究的问题。首先，如何才能使学生在课外活动中巩固及拓展课堂所学词汇；其次，学生是否能够运用提问、提取、概括、推理等阅读策略与完成课外阅读；再者，学生如何表现出对英语有积极的学习意识并体会到语言学习的快乐。这几个方面的内容在笔者的研究中具有不可检测性，但确实是课外英语活动实效性的检测手段，是下一步研究急需解决的问题。

参考文献

[1] 胡文仲. 英语的教与学 [M]. 北京：外语教学与研究出版社，1989.

[2] 教育部. 全日制义务教育普通高级中学英语课程标准（实验稿）[M]. 北京：北京师范大学出版社，2001.

[3] 傅克. 中国外语教育史 [M]. 上海：上海外语教育出版社，1986.

[4] 胡春洞，王才仁. 英语教学论 [M]. 南宁：广西教育出版社，2001.

[5] 刘润清. 外语教学中的科研方法 [M]. 北京: 外语教学与研究出版社, 2000.

[6] 张必隐. 阅读心理学 [M]. 北京: 北京师范大学出版社, 1995.

九、阅读教学中教师的角色
Chinese Teachers' Roles in Teaching Reading

Introduction

It is certain that foreign language teachers play roles in language teaching. In a relatively brief period of time, the teacher's role in the language class has shifted markedly (Dubin & Olshtain, 1966: 47). In the Grammar – Translation tradition, language teachers were thought of as people who knew the target language, but did not know necessarily speak the language fluently (Dubin & Olshtain, 1986: 31). Many classes are dominated by the teacher and, as a result, the students' potential is rarely used to the full, and impatience rather than enthusiasm is generated.

Chinese teachers play their roles in a complicated way in foreign language teaching. For them, teaching English successfully is not just a question of method. The long domination of traditional Grammar – Translation Method of course, affected the teacher's role greatly. In addition, some teachers are bad at playing their roles. The inappropriate way or attitude tends to result in bad effects. Yet how teachers play their roles directly affects the achievement of teaching and learning. In this research paper, seven roles that language teachers mainly play in teaching reading are selected, explaining what are the roles and in which field or approach they are often used, and then pointing out how Chinese teachers play their roles with the advantages and disadvantages. More importantly, this paper features in teachers' roles in teaching reading, in that improving reading competence is the focus in senior high school language teaching. It is known that a teacher certainly often plays several roles simultaneously in teaching reading. Yet here for the convenience of the author's discussion, this paper separates these roles and comment individually. In this paper, the author has highlighted some of her experiences with students from No. 80 Middle School (a key school in Beijing), and the way she applied the theoretical knowledge to the real process of teaching English reading to speakers of other languages.

Literature Review

Discussion

1. The teacher as controller

Teachers as controllers are in complete charge of the class. Just imagine a controller stands at the front of the class like a puppet – master or mistress controlling everything. Teachers control not only what the students do, but also when they speak and what language they use. All attention is focused on the front of the class, and the students are all working to the same beat. In class, the teacher can exercise control well when the classroom instructions are given as meta – language rather than focused on or separately, such as "Tell me. Repeat. Everybody. Altogether. Turn to page... Read. Look...". This role is used in all kinds of methods, and particularly used in the Grammar-Translation Method. The teacher becomes the authority in the classroom. The students do as he says so they can learn what he knows. For example, he asks students to read the massage in the foreign language, and demands them to translate it into native language.

Chinese teachers seem to like this role very much. According to the author's research, most of time they master this role firmly, even while they are performing other roles. Clearly at the beginning of teaching foreign language the teacher is involved in a controlling role, e. g. at the presentation process and accurate reproduction stage. A lot of controlled practice such as drill and question exercises are used by the teacher to manage the class, thus the instruct-cue-nominate cycle is the perfect example of the teacher as controller. In the classroom forms a strict and orderly atmosphere. In fact, the teacher as controller, is useful during lockstep activities (lockstep is the class grouping where all the students are locked into the same rhythm and pace, the same activity). Lockstep is the traditional teaching situation, in other words, where a teacher-controlled session is taking place. Everyone can hear clear what the teacher says. And when the teacher uses different question strategy to control the class, good students have a chance to show their knowledge, while lazy students have a chance not to answer. However, some Chinese teachers play this role too strongly, thus resulting in the teacher becoming an arbiter and lecturer. The more a teacher talks, the less his students will be given the opportunity of expressing themselves. Learners are crammed and get little chance to use language. Their action and creation are badly affected. The teacher's control cannot balance different students, either. The lockstep always goes at the wrong speed. Either the teacher is too slow for the good students or he is too fast for the weak students. Now students are no longer willing to endure passively one-way communication in which the teacher has all the advantages. The day of "the silent generation" must finish. Teachers will be expected to break up the more easily controlled lecture-practice class hour to allow for a variety of groupings, scheduling patterns and differentiated teaching approaches, according to specific objectives and student needs (Rivers, 1983: 196). So today's teachers must be trained to handle discussions, to welcome students' opinions, to be willing to admit when they do not know the answer, and to cooperate with students in finding out the things they most want to know about the foreign people and the way they think and react.

2. The teacher as assessor

As Harmer wrote, a major part of the teacher's job is to assess the students' work, to see how well they are performing or how well they performed, which students quite naturally expect. There are two types of assessment. One is correction and the other is organizing feedback. Correction can be made instantly or gently, depending on what activities students are involving in. If it is during an accurate reproduction stage, the teacher can correct students' error and mistake almost instantly to help them to know what has gone wrong so that it can be put right. When students are doing immediate creativities, a gentle correction is to remind them that a mistake occurs and then leave the correction to the accurate reproduction stage. On the other hand, organizing feedback, divided in to content feedback and form feedback, takes place when students have performed some kind of task. Content feedback concerns an assessment of how well the students performed the activity as an activity rather than as a language exercise, while form feedback does tell the students how well they have performed linguistically, how accurate they have been.

Correcting errors and mistakes that students make when they speak or write can be one of the most difficult tasks in language teaching. Teachers have to respond adequately to students' errors and mistakes. In this role as corrector Chinese teachers seem less successful as western teachers. From the following chart the differences can be seen:

表5 The different

contents	China	Western countries
Opinion about students' errors and mistakes	Signs of failure to learn	Signs to demonstrate how learners are progressing in the foreign language
Attitude to errors and mistakes	Cannot stand by; Correct them all immediately	Partly ignore in communicative activity; Ask students to correct themselves
Attitude to students	Blaming "No. You are wrong." "Have you listened to my class?" "What were you doing just now?" "Why are you so stupid?" "Why are you so careless?"	Gentle correction "I think it is not quite right." "Is that really right?" "Think it over again." "Do you have other ideas?"

According to the chart, a conclusion can be drawn that some Chinese teachers have tended to think of learner's errors as bad and seldom make error analysis, but put errors in a very serious position. Their accusations to students are usually directed at lack of motivation, self-discipline or general intelligence. It has been said that Chinese teachers' correction of errors is often ineffective and there is some evidence that this is indeed so. When correcting is inappropriate the teacher corrects; when the correction should be gentle, he corrects bitterly. Consequently, the intensive correction during oral work becomes particularly damageable because it encourages a withdrawal attitude in discouraged revision. (Peter et al., 1983: 144). Harsh-written comments have an unpleasant permanence in exercise book and students become less confident about their learning and make the mistakes again and again. While western teachers try to use gentle correction which involves showing that incorrectness has occurred, but not making a big fuss about it. So a change of Chinese teachers' attitude to students' error is asked to take place. A careful analysis of errors should be made, which includes a procedure of recognition, description and explanation (Bell, 1981: 174). So teachers first may try to find the error cause and try to avoid errors by eliminating the causes, e. g. in an oral talk, it is possible to speak a foreign language with considerable fluency, and yet to make errors of grammar, vocabulary and accent. At this time teachers are told to be more tolerant of errors, particularly when they are trying to encourage learners to communicate. Sometimes the teacher tries to use gentle correction to stimulate students, but not harsh words to discourage them.

Organizing feedback is an important part of assessing students' performance (for their benefit) so that they can see the extent of their success or failure. The teacher waits until an activity or task has been completed and then tell the students how well they did. In a form feedback, which concentrates on the grammar and structures of language, the teacher tells students how well they performed in terms of the accurate use of language. Chinese teachers play this role as evaluator successfully. After checking students' homework and test, they will check out all the false uses of language and correct them in class. While in a content feedback the teachers just offer an assessment of how well they performed an activity. The content feedback centers on the content and aims to give students feedback or their degree of communicative efficiency. Chinese teachers should pay much attention not to make form feedback dominant after communicative activities, for the communicative competence is more important here.

3. The teacher as organizer

During the class, the most important and difficult role the teacher has to play is that of organizer. A good organization leads to the success of an activity. When organizing an activity, the main aim of the teacher is to give clear instructions about what students are going to do, get the activity doing and then organize feedback when it is over. To do this successfully, teachers need to think out exactly how to do and what to say beforehand. Generally speaking the organization of an activity can be divided into three parts. In the first the teacher gives a lead – in, when the teacher introduces the subject. When the lead – in stage has been accomplished, the teacher instructs. This is where the students are told exactly what they should do. Finally the teacher initiates the activity, when a final check is given that students have understood what to do.

However, due to the Grammar – Translation Method, which has been overwhelming in Chinese foreign language teaching, most of time teacher work with roles as controller and explainer, so they often adopt single teaching form and dull activity.

They appear not good at organizing colorful activities to attract students and proceeding efficient teaching. With the introduction of new method, i. e., Communicative Method, teachers are demanded to organize all kinds of activities to train students' abilities of using language, especially the communicative ones. And the success of many activities depends on good organization and on exact understanding what they are to do.

Teachers should set up different activities such as oral activities, listening activities, writing activities, reading activities and translating activities according to special needs to develop students' different abilities. And in order to let students practice language efficiently, the teacher can set up individual work, pair work or group work. While organizing the teacher may give a lead – in, which will probably take the form of an introduction to the subject. And before the activity begins, teachers make sure everyone knows what to do. This means teachers give instructions. In the activity the teacher must get the timing right. Students must know when they are to start and finish. At the beginning, the teacher initiates the activity. He gives a final check that students have understood, e. g. "Has anyone got any questions? No? Good. Then off you go!" The teacher may ask the students to see if they can be the first to finish, thus adding a competitive element which is often highly motivating. In the end, the teacher will need to say something like "All right, everyone." "That's it." etc.

After the activity, the teacher might do some evaluating and extending. It is often worth asking the students whether the activity was useful, what they have learned etc. In short, when the teacher is acting as organizer, his job is then to organize the activity as efficiently as possible, frequently checking that students have understood. Once the activity has started the teacher will not intervene.

4. The teacher as an explainer

A basic duty of a teacher is to make explanations. He explains the text, or the instructions and purposes of activities, and how students' mistakes are made. To avoid complicated discussion, here I will just discuss Chinese teachers' roles under the Grammar – Translation Method, which has overwhelmed in China for a long time. It is basically said that language knowledge dominates in Chinese foreign language teaching. According to my research, most of Chinese teachers spend 80% of time to explain the text. The teacher stands there, explaining different definitions of a word under different conditions, or grammar points and translating sentences into the native tongue. So it is obvious that the teacher does not necessarily speak the target language fluently. The textbook contains all the necessary information about the language.

The teacher's assignment is to be a faithful implementation by explaining its contents. However, when British or American teachers teach English in China, they seldom explain new words and grammar, but instead demand students to discuss, and to give speeches, sometimes even to play games. Students take part in these activities consciously and nervously, for these activities occupy most of class time, and language knowledge is implied in them. So they feel it is time consuming if they get nothing.

This Grammar – Translation Method is useful in some ways. In the teaching practice, translation is the teaching purpose, also the teaching media; It advocates teaching grammar, and emphasize to develop students intelligence in teaching course; And reading ability can be well practiced (Zhang, 1987: 21). However, because the teacher's role is an explainer, most of the interaction in the classroom is from the teacher to students. There is little student initiation and little student – student interaction. Vocabulary and grammar are over emphasized. There is much less attention given to speaking and listening. Pronunciation receives little attention. Translation is over emphasized, which is not good to train students to communicate in English. And the class atmosphere is gloomy, difficult to arouse students' interests. Therefore, a lot of language experts appeal teachers to relax their role as explainer to an appropriate extent. Some even propose a thorough innovation of teaching methodology.

5. The teacher as prompter

The teacher's role as prompter is often welcomed in foreign language teaching. It is very important that students feel successful. Feelings of success and low anxiety facilitate learning. As a good teacher, therefore, he should encourage as much as possible. Say "Good" or "Good but..." as often as he honestly can. In addition, in an activity, the teacher is a facilitator. He establishes situations likely to promote communication. During the activity he acts as an advisor, answering students' questions and monitoring their performance. When there is a silence or when they are confused about what to do next. The teacher needs to encourage students to take part in or needs to make suggestions about how students may proceed. Not only teachers may give some new ideas on how to continue the activity, but also they might need to prompt the students with information they have forgotten. However the teacher has to perform the role with great discretion. I had a failure experience. I asked my students to introduce the greatest man in their minds to the class. I gave them ten minutes to do it in pairs and then reported to the whole class. I walked around the class and found two students in silence. They told me they did not have a great man in mind. I tried to help them by asking them several questions: "Have you seen a book on Nelson Mandela" " How do you like the hero?" "Have you seen such a person in your real life" ... They asked my questions one by one. Later I found they just asked my questions without thinking something for themselves and finally they still could not find the greatest person in their mind. I really helped them but I failed to help them to achieve the task by themselves. Therefore the teacher should not give students the feeling that he starts to take over from them, so the idea is that the teacher should be helping students when it is necessary in a proper way.

To be a good prompter, teachers should pay much attention to the students' actions and reacts. They had better not grudge using praises. Even when students do wrong, comforts and encouragement are also useful. Furthermore a teacher should motivate students' interests to study.

6. The teacher as participant

There is no reason why the teacher should not participate as an equal in an activity. Western teachers feel no wonder that they become partners of students when a conversation, discussion, drama, or oral debate takes place. A democratic atmosphere connects the teacher with students in a balanced position. This role is often applied in the communicative approach, when communicative activities are held. While in China, few teachers act this role in their classes. Teachers are so respectful, that in the students' eyes they are parents, they are policemen and supervisors. They might feel uneasy if the teacher sits beside them. On the other hand, the teacher regards himself as authority. The upper position cannot be destroyed; otherwise students will not fear him, and obey him. So ever they take part in an activity, the teacher tends to dominate, and the students will both allow and expect this to happen. In fact, teachers should not be afraid to participate since not only will it probably improve the atmosphere in the class, but it will also give the students a chance to practice with their teacher who speaks better than they do. Ultimately there exists a problem that this may be dangerous because teachers will easily become dominated and the students will allow and expect this to happen unconsciously. It is teachers' duty to prevent this from happening. Actually, if a teacher takes part in the activities himself, it will produce a good effect. It is also an encouragement. Students will show more interests to the activities, finish the task successfully and absorb the knowledge happily. So our teachers should try to make themselves students' friends, sisters and brothers. If they act well, students will still respect them, from their deep hearts, yet not for the pressure of up – down position.

7. The teacher as a resource

During a genuinely communicative activity, a very important role for teachers to play is to be a kind of resource center. One difference between the teacher and students is that the teacher has the language knowledge that the students may be missing. This is all true if students are involved in either oral presentation task or writing task. The teacher should act as a resource and always be ready to offer help if it is needed. After all, teachers have the language that the students may be lack of, especially when students are involved in some kind of writing task. Teachers should make themselves available so that students can consult them when they wish. However, even though teachers will want to be helpful and available, at the same time they must avoid having students become over-reliant on them. Once a boy kept on asking me to teach him the specific word to express his meaning, and several times he called out " Miss, how to say "..." in English?" I told him that he could use other words he had known to express the meaning instead of asking for that specific word and in fact with about three hundred words he could expressing himself well in English. He accepted my advice and solved problems by himself.

In our country, most teachers are enthusiastic. To solve problems is just their duty. If the students need information they are often glad to offer help. Actually, the point of view is also related to Chinese philosophy that teachers should be like God to know everything, i.e., the ideal of perfection. Students are often willing to accept their teachers' such active attitude happily. For with their teachers' help, the problems are solved. And this also confirms that the teacher cares about them specially. But for certain activities, the teacher should not be available as a resource, e.g., in some communicative games, students need to work out all by themselves. The teacher needs to make clear when he is available as this role.

Another situation is that teachers are unable to offer the information that the students need due to the limitation of their knowledge. In this case, they are not good resources and feel embarrassed because they think they should give students the right answer. Then one possible way they express might be that they scold the students going too far away from the textbook. So it is not difficult to notice that the teacher should widen and update their knowledge system.

Conclusion

In China, most of foreign language teachers apply the traditional approaches. And most of them were taught with traditional approaches when they were students. Therefore, it is natural in their minds that teacher is the master and vital part in the process of learning and teaching. In this case, students develop relatively stronger abilities in grammar and translation. They might get high marks in examinations. However, when they come into the society and have to use their foreign language, they often cannot express themselves and understand others easily and freely. Hitherto, it is not difficult to draw a conclusion that Chinese teachers act quite well in some aspects, but still have three problems about playing roles in foreign language teaching. One is that the teacher's role is too monotonous, unable to make class interesting and vivid. The second is some roles are too strong, such as controller and explainer; some are too weak, such as organizer and participant, so as to make student develop language competencies differently. Communicative power is much less than the translation power. The third is that some roles are played improperly, lacking techniques such as assessor and organizer.

To change some of the weakness and fault discussed above, Chinese teachers should have a clear mind what roles they should adopt. Actually, many factors decide a teacher's roles in class. First of all, the nature of the activities determines how students will behave and so will teachers. Secondly the teaching approach influences the teacher's roles. For example, some years ago, Girard (1977) emphasized that it is an important part of the teacher's job to motivate learners. However, in more recent "learner – centered" approaches to language teaching, the teacher's function is seen mainly as resource of materials and conditions for learning, while the learners takes responsibility for his or her own motivation and performance. (Ur, A Course in Language Teaching, 1996, p276). Finally, the student's background is a key point. Classes composed of highly motivated adult immigrants learning English for purposes of survival in a new country may only need teachers as resource and organizers of learning activities and texts, whereas schoolchildren learning English may only learn well if teachers find a way to activate and encourage their desire to invest effort in the learning activity.

With the lead – in of many new teaching approaches, and with the students demand to use foreign languages in class, language teachers need to balance and coordinate their roles. From the aspects of language abilities, and according to Chinese actual conditions, speaking, reading, listening should stand on a more important situation. Thus the teachers should play roles more as organizer, prompter and participant, to give the active right to students. Monotony produces sleepiness and it is essential, therefore, to use as many different activities as possible. And even grammar activities should not be mechanic, but interesting, enhancing communication. In addition, other roles should not be ignored, too. In an activity a teacher needs to control suitably around the purpose. When errors and mistakes appear, state the correct phrase or word, gently, while not interrupting students. It is also helpful to note down mistake and then to go over them at the end of the activity or later on. After the activity an evaluation might be useful for students. In a word, Chinese teachers need play their roles as many as possible according to different classes, and pay more attention to the skills. Fortunately, a lot of teachers are making their efforts towards this trend.

Reference

Bell, R. T. 1981. *An Introduction to Applied Linguistics.* London: Batsford Academic and Education Ltd.

Dubin, F & Olshtain, E. 1986. *Course Design.* London: Oxford University Press.

Girand, D. (1977) *Motivation: the responsibility of the teacher*, ELT Joural, 31, 97-102.

Harmer, J. 2001. *The Practice of English Language Teaching.* Essex: Pearson Education Limited.

Hubbard, P. & Hywel, J. 1983. *A Training Course for TEFL.* London: Oxford University Press.

Rivers, W. 1983. *Speaking in Many Tongues.* London: Oxford University Press.

Ur, Penny. (1996) *A Course in Language Teaching.* Cambridge: Cambridge University Press.

Zhang, J. 1987. *Main Schools of Overseas Foreign Language Teaching Methodology.* Shanghai: Hua Dong Normal University Press.

(2003年攻读TESOL国际英语教师资格证书时的研修论文)

十、基于阅读文本的词汇教学
Text-based Vocabulary Teaching in Senior Middle School

Abstract

Vocabulary teaching is an indispensable part of English curriculum. But some traditional vocabulary – teaching methods seem to isolate the words from the context, that they can't help students to develop a language competence in the long run but cause them to lose interest in English. This paper discloses some problems in current vocabulary teaching in senior middle school and suggests a new method in teaching vocabulary —teaching vocabulary with pictures. After discussing how and why to teach vocabulary with pictures, the paper adopted a case of teaching vocabulary with pictures by the author to demonstrate how this teaching method is pursued in classroom teaching.

Introduction

Teaching vocabulary is creating a learning activity where the pupils work with new words through pronunciation, writing, memorizing and linking the meaning to the actual situation. Words are best learnt in a context. The students need to start using the words actively in a real situation where the words are needed to convey information. However, in China, especially in middle school, English teachers have sometimes tended to overlook the importance of the lexical system. They hypothesize the forms, grammar and the exact meaning of a new word, but ignore the fact that words should be used in context to pursue communication. In this way, vocabulary teaching is isolated as a teaching of knowledge, far from the scientific rules of vocabularies. For students, this results in unsatisfactory learning and decreasing confidence in English studies. Vocabulary teaching in senior school needs improving. As a senior middle school teacher, I try to help my students to build up interest and confidence in learning vocabulary. In the following part, I am going to discuss the problems in current vocabulary teaching and introduce my idea in dealing with vocabulary in senior middle school— Teach vocabulary with pictures.

1. The drawbacks of current vocabulary teaching in senior middle school

"Without grammar very little can be conveyed; without vocabulary nothing can be conveyed." This is how the linguist David Wilkins summed up the importance of vocabulary. Vocabulary is essential in language learning for non-native speakers at an early stage. For most senior middle school students, they have only learned English as a compulsory subject for 3 or 4 years. Each week they have five lessons of 45 minutes. It is still at an early stage for a second language learning. In traditional vocabulary teaching in China, teaching a word ends up with students' mastering the spelling. In a typical vocabulary lesson, teachers teach all the words in one unit, about 20 to 30 words or expressions at a time. At first, teachers usually tell the students the Chinese meaning of a new word, and then lead the students to read it. After that, when it comes to the grammatical pattern of the word, teachers usually give two or three example sentences to demonstrate how to use it. Students take notes while listening. Afterwards, students are asked to translate some Chinese sentences into English by copying the structure used in the examples. If time is possible, teachers may ask students to make up sentences with the learned word. The homework is to recite the word spelling. So long as students know how to spell the word, learning finishes. Therefore, the more word spellings students grasp, the bigger vocabulary they master. In some early stage of learning, maybe before middle school, it is right, however, as the study goes further, this idea is doubtful. In fact, there exist some disadvantages in this traditional way of teaching vocabulary, which I list as follows:

1.1 Teaching English words in one-to-one correspondence to Chinese words

Many English teachers tend to teach English words in one-to-one correspondence to Chinese words; for example, English "wall" is "墙壁" in

Chinese, English "house" is "房屋" in Chinese, etc. Translation teaching method has been adopted in China for a long time. It is considered to be helpful in some cases, particularly when someone first learns English. But in the long run the overuse of this method is harmful to the development of students' language competence. Especially in the elementary stage, this method should be avoided as possible as it can.

Under this method, when students say that they know the meaning of an English word, they usually mean that they have found an equivalent word in Chinese, but this equivalent word may be misleading. Think of the word "drugstore". When it is put into Chinese by some teachers, it is "药店". However, in an American street, you will find a drugstore is a place where you can buy many necessities for daily use other than drugs. It is more like "生活用品超市" in China. In fact, many linguists believe that no word can be exactly translated into another language. Learning the vocabulary of English is not just to memorize the Chinese equivalent words, but learn the meaning of the word exactly to understand the context of another cultural life.

1.2 Failing to follow the memory rule

There are two types of memory — short-term memory and long-term memory. Short-term memory means that the input information only stay in your memory temporarily; while the long-term memory means the information can stay in your memory for more than 10 days, even for the whole life. According to the survey by linguists, the more time the word is used, the better you remember it. However, some teachers seem to care more about the amount of vocabulary input than those words actually staying long in students' memory. That is why they tend to teach all the scores of words in one unit to students. They use most of the time in one period to explain the new words, but give little time for the students to use the words. As a result of this, they "teach" many words, but only a few of them stay in students' mind. So the teaching is not effective. It is not amazing that a senior middle school student who is required to master 3000 words has misused or made mistakes in 60 words when asked to write down a passage of 100 words in NMET because of his poor vocabulary storation. A lot of teachers think that it is the students' laziness causing such a bad result. They explain for themselves that those students are too lazy to enlarge their vocabulary but in fact, this problem results from their ineffective teaching.

1.3 Overvaluing grammar

When most teachers demonstrate new words, they tend to explain the grammatical structures of the new words clearly and completely by giving example sentences. Then they ask students to consolidate the grammatical structures by doing translations. In this way, teaching vocabulary is more like teaching grammar. In most Chinese middle school teachers' opinion, grammar is what makes students get a high mark in tests, which was quite right in 1980s, when English was first introduced to middle school curriculum. At that time, students seldom used English other than homework and tests, which require the correct form of English. However, nowadays, what teachers should put in their mind is that students learn English to use them in communication, not to pass exams. As more international culture exchanges take place in China, Chinese students get more and more chance to use English in authentic situations. It is more important for students to use what they learn to make them understood in English. When they encounter foreigners, they should response swiftly with proper words in a situation. Usually a foreigner cares more about what the words convey than whether the sentence is correct in structure. It doesn't mean that teaching grammatical point behind a word is of no use, but concerning communication, grammar should give way to the situation in using the word.

1.4 Neglecting the situation in using the word

In traditional vocabulary teaching, teachers seldom provide situations for students to use the new word. They only present the meaning of the word in Chinese and then review it by giving example sentences. In this way, students fail to understand what the new word exactly means, because the Chinese correspondence of the word cannot express the accurate meaning of the word and the example sentences may narrow the meanings of the word, for it may have more meanings in different context.

2. A new method in teaching vocabulary in senior middle school —teach vocabulary in the text

Thinking of my students, grade 1 to grade 3 in senior middle school in China, their cases challenge this idea. Some of my students even recite many words, in traditional idea of teaching. It seems that they have bigger vocabulary; still, they find it difficulty in understanding English articles and cannot express them well in English writing. What they have in common is that they know the spelling of many words, but they don't know how to use them in the right situation. They learn the use of the word from their teacher's example sentences, which cannot show the situation exactly. When the word appears in a new context other than the example sentence, they cannot make out the situation, so they cannot understand the meaning of the whole sentence, even though they know the meaning of each word building up it. Therefore I think in senior high school, learning vocabulary involves more than spelling. So, in teaching vocabulary, teachers need to teach students how to use a word or expressions in a right situation. There are many ways to create situations in vocabulary teaching. For me, I choose the reading text.

2.1　The text provide vivid situations to use a word

Pictures give students real situations in using a new vocabulary. The teacher holds up a picture and reminds stuents to use a corresponding word to describe the scene. In this way, teacher creates a situation where this word can be used in a text. After watching a picture, students need to express what they see in the picture and how they understand it. He will use a few sentences, which forms a short text coherent in meaning and logic. In his description, he must use the new word they have just learned. In this way, two purposes are achieved. For one thing, students will know under what kind of situation can they use the new word; for another, they use the new word to describe a vivid situation. It is more beneficial than sentence making in that students will not risk making mistakes in creating a wrong situation. In vocabulary learning, knowing when to use a word properly should be prior to other studies.

Students can speak and write about the pictures, just as people communicate by speaking and writing. Both speaking and writing are productive skills in language learning. If a student can express himself well orally, he can also write good articles when he learns the correct written form of words and grammar. Therefore pictures provide occurrence for the students to use words in real situations.

2.2　Students use a word more naturally when retelling a text

Picture description is more like real communications than exercises in that it is informative. Based on the pictures, students can tell a story individually, make up a dialogue with fellow classmates or discuss around the topic the texts is about. What they work out must convey the information the texts present. Here, texts serve as media to offer real situations for students to use the words. Activities vary according to students' English competence and vocabulary complexity. When students work on retelling texts with new words, they are communicating ideas, not doing mechanical exercises. At first, they may feel uneasy because they are forced to use a new word, but on the other hand, they will find the new word helpful when they want to express their idea in the given situation similar to the text. Students need some time to get accustomed to matching new words with new situations, just as non-English speaking people will experience a period of time, say, about three months, before they can response spontaneously with proper words in English-speaking countries. After practice for a certain time, students will be used to working on the situations similar to the text with new words. When they look on texts as real situations, they will feel comfortable in using the word. It doesn't mean they are forced to use a word. They feel the need to use it naturally.

2.3 Students remember the word by making connections

After students use a new word in a situation presented by texts, they will remember the text, because texts serve as good examples, clear and attractive. By making connections, they can remember the new word. Next time they encounter the similar situation, either by seeing a picture or a situation in real life, they will think of the word. Texts serve as a good aid in memorizing words.

3. The practice of teaching vocabulary in the text

A case of teaching vocabulary in the Text

Word Focus—Unit 1 Module 8 *the United States of America*

The analysis of students: Students are in Grade II of Senior Middle School. They are of average level in learning English.

Periods: 45 minutes

Background of the vocabulary in unit 16: Entitled *the United States of America*, the unit introduces the culture of U.S.A. There are two texts in this unit, one is *American South*, and another is *The Bison on the Plain of America*.

Students' knowledge on the vocabulary: Students have learned the pronunciation, spelling and meanings of the vocabulary.

The vocabulary to be revised: suffering, greedy, in vain, eventually, take a chance, overcome, leave alone, insist on, resist, afterwards

Teaching Aim: To master the situations in using the vocabulary.

Teaching Focus: Teach vocabulary with pictures.

Teaching Aid: Computer, powerpoint, pictures.

Teaching methods: Word – guessing, picture describing, gap – filling, writing.

Teaching steps: 1. Guess the word according to explanations. 2. Guess words according to pictures. 3. Use words to describe pictures. 4. Fill in blanks with words according to pictures. 5. Writing according to pictures.

Teaching Process:

Step I—lead – in

Show English explanations and ask students to guess which word or phrase the explanation refers to.

serious physical or mental pain (suffering)

always wanting more food, money, power... than one needs (greedy)

- To do something that may be a risk (take a chance)
- put someone alone in a place, with nobody around him (leave alone) to use force to stop something from happening; (resist)
- finally, at last; happening at the last stage of sth. (evetually)
- to say repeatedly that something is true, especially when other people think it may not be true; to demand that something should happen (insist on)
- to successfully control a feeling or problem that prevents you from a-

chieving something (overcome)

- without success in spite of your efforts (in vain)
- happening after something has happened; later (afterwards)

List the words or phrases on the blackboard and tell students the topic of this lesson is to learn how to use them in different situations.

Step II—Use the target words to form a short text

i. Show the pictures and ask students to find out which words can be used to describe the situations.

图 10　The situations

The possible answers:

Picture 1 – leave alone　Picture 2 – in vain　Picture 3 – take a chance

Picture 4 – insist on, overcome　Picture 5 – resist

ii. Make sentences with the words to describe the pictures. Correct errors if possible.

Some sentences from students:

Leave alone—The boy was unhappy because he was left alone.

The boy shouldn't be left alone.

It is not good for the boys to leave other alone.

A group of students are talking, but leave a thin boy alone...

In vain— A goalkeeper tried to save the ball, but his work was in vain.

A goalkeeper was in vain. (There is an error in the sentence, so later it is changed into—The goalkeeper's action was in vain.)

A goalkeeper tried in vain to save the ball.

Resist— A woman resisted the war by showing a poster, said "End this insane war". (There is a grammatical error in the sentence. Help students to change it into A woman resisted the war by showing a poster, which said "End this insane war".)

A woman resisted the war and called for peace.

War is resisted.

Insist on— The lady insisted on her work until she succeeded.

Madame Curie insisted on her work and overcame difficulties.

Scientists insisted on researches though it was very hard.

Overcome— Madame Curie overcame many difficulties to discover Radium.

She insisted on her work by overcoming lots of difficulties.

Take a chance— Some people don't work hard, and they just take a chance by lottery. (*Teach the new word, "lottery"*)

People take a chance to make money.

Life is to take a chance. (This sentence is not so positive in meaning. Encourage students to improve it by adding conditional adverbial clause: If we don't work hard, life is to take a chance.)

Step III – Complete a longer text according to the situation created by a group of pictures.

i. Show a group of pictures and ask students to find out the story the pictures are describing. Encourage students to find out proper words to describe the story.

图 11　**The pictures of situations**

ii. Show a passage and ask students to guess what should be filled into the blanks.

①

② Complete the text with the target words

③

④

⑤ Chinese people _____ great difficulties to complete the Olympic Torch Relay all around the world. At first, the Olympic Flame was not well received in some European countries, but we _____ passing the flame with the support of overseas Chinese. _____, the activity went on successfully in both African and Asian countries, which greatly encouraged us. However, there was always some voice which _____ the Beijing Olympics on the journey of the Olympic Flame, but we Chinese people never give up. Thanks to the brave torchbearers, _____ the Olympic Flame returned to China safely and proudly. All actions against Beijing Olympics are _____. We are sure to host a successful sport event.

iii. Fill in the blank. Remind students of paying attention to the use of "at first, afterwards, eventually". Ask students to find out how the text is arranged.

The key: overcame, insisted on, afterwards, resisted, eventually, in vain. The passage is written in time order.

Step IV. – Write using the target words previously.

i. Arrange the task of writing. Show the pictures and ask students to discuss what happened to the man (Peter) in the Gold Rush.

Writing Task: Suppose the man in the pictures is Peter. Write about Peter's Experience in Gold Rush

1 The pictures are arranged in this way:

1 – 2

3 – 4

ii. Preparing for writing. Students find out the proper vocabulary to describe each picture by discussion and make sentences orally.

Sentences made by students:

Picture 1

Leave alone—Peter went to look for gold and left his family alone.

—Peter was not afraid of being left alone.

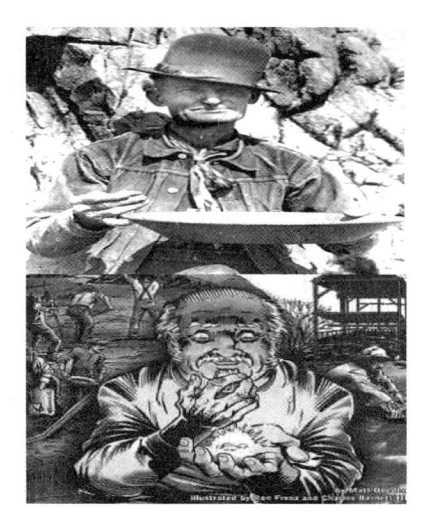

图 12　The pictures

Take a chance— Peter decided to take a chance in "Gold Rush".

—Peter didn't know whether he would get gold, so he took a chance.

—Peter took a chance to look for gold.

Resist— Peter cannot resist gold.

Greedy—Peter was greedy because he loved gold.

Picture 2

Suffering— Peter got lots of suffering, because he didn't find gold.

In vain— Peter worked hard but he was in vain. (Here, "he was in vain" should be "His work was in vain".)

— Looking for gold was in vain.

Afterwards— Afterwards, Peter was sad because his work was in vain.

Picture 3

Insist on— Peter and his friends insisted on looking. (Here, "looking" should corrected as be "looking for gold".)

Overcome—Peter overcome many troubles while he dug gold.

Picture 4

Eventually— Eventually, Peter found gold.

— Peter was crazy about find gold eventually.

Overcome —Peter overcame difficulty and got gold eventually.

iii. Write. Join the sentences into a passage in time order. Use at least six words or phrases of the vocabulary listed on the blackboard. *Title: Peter's Experience in Gold Rush.*

Step V— Assessment

i. Classmates exchange their writing and make assessments.

ii. Show a sample among the class.

Step IV— Assignment

i. Make necessary changes to improve the writing.

ii. Create a situation and use the revised vocabulary to write a passage.

Conclusion

Vocabulary teaching is an important part of English language teaching. Whether a teacher can handle this process technically bears on the students' language acquisition ability such as observation, analysis, creation, thinking and communication, and their language competence. If he tries to observe the rules working in the students' learning processes, concern about their interest and psychological needs, and apply more scientific and efficient vocabulary teaching techniques which are fit for them, he will succeed in arousing the students' motives to learn English well and learn it in a relaxing and scientific way in which the large size of vocabulary is not the final teaching target, but the improvement of language competence. That is to say, not to let English become an accumulated knowledge, but a tool for communication. Only in this way can they help to improve the students' language competence and their ability to use English freely in communication.

Reference

National Curriculum for English in Middle School, Ministry of Education of People's Republic of China, 2003.

Scott Thornbury, *How to Teach Vocabulary*, Person Education, World Affairs Press, 2003.

Li Tingxiang, *Teaching Methodology in Middle School*, Higher Education Press, 1986.

(2008 年 TEFL 国际英语教师年会论文,发表于 TEFL 通讯 2008 年第二期)

第三章 阅读教学特色案例

一、读写结合案例：人教版高中一年级必修四第 5 单元 Theme Parks— Fun and More Than Fun（阅读第二课时）

指导思想与理论依据

《高中英语课程标准》课程目标七级明确指出：具有初步的实用写作能力，如通知、邀请参加活动等；对"读"的要求是"能提取、筛选和重新组织简单文章中的信息"。基于以上课程目标，教师应延伸并拓展课文的文本信息，引领学生通过深层阅读分析文章的篇章和文体特征，归纳具有广告特点的说明性文章的词汇、句式特点，并在具体的情境中加以运用。

教学背景分析

教学内容：本单元是人教版第四模块第五单元，话题为主题公园。第一课时是听说课，第二课时为阅读课，课题为"Theme Parks—Fun and More Than Fun"，介绍主题公园给人们带来的乐趣和乐趣之外的收获。本课是阅读课的第二课时，目的是引导学生关注文体特征，从词汇和句式及表达语气三方面分析具有广告特性的说明性文体的特点，并在新的情景中加以运用。

学情分析：学生为高一年级实验班学生，共40人。学生思维活跃，愿意参与讨论。

教学方式：启发式、小组探讨，合作交流。

教学手段：电脑，教师自制课件，学案。

教学重点和难点

① 引导学生关注文体特征。

② 从词汇、句式、人称代词三方面帮助学生归纳课文的文体特征。

③ 通过练习增强文体意识。

教学目标（内容框架）

本节课结束时，学生应该能够做到以下几点。

①归纳出本篇课文中词汇、人称代词和句式上的特征。

②根据归纳出的文体特征改写教师提供的段落，建立初步的英语文体意识。

③设计具有说服力的海报内容，介绍一个主题公园。

教学步骤及设计意图

Step I Review (2 minutes)

① Present pictures of three theme parks to the students and ask them to tell the names.

（设计意图：点明本节课的话题）

② Ask students to tell which one of the three theme parks attracts them most and give their reasons.

（设计意图：复习阅读第一课时的内容）

Step II Analysis on the style (15minutes)

Ask the students to read and compare two passages about Disneyland.

Then list the differences. (设计意图：让学生关注课文的文体特征和语言特点)

Passage 1 (课文第一段)

The theme park people are probably quite familiar with is Disneyland. It can be found in several parts of the world. People feel like going into a world different from reality and their dreams come true, whether they are traveling through space, visiting a pirate ship or meeting the fairy tale or Disney cartoon character they like. As they wander around the amusement park, they may see Snow White or Mickey Mouse in a parade or on the street. Disneyland also has many rides, from giant swinging ships to terrifying free-fall drops. Because of all these attractions, tourism usually increases wherever there is a Disneyland. People can come to Disneyland for fun and more than fun.

Passage 2 (课文第一段)

The theme park you are probably most familiar with is Disneyland. It can be found in several parts of the world. It will bring you into a magical world and make your dreams come true, whether traveling through space, visiting a pirate ship or meeting your favourite fairy tale or Disney cartoon character. As you wander around the fantasy amusement park, you may see Snow White or Mickey Mouse in a parade or on the street. Of course Disneyland also has many exciting rides, from giant swinging ships to terrifying free-fall drops. With all these attractions, no wonder tourism is increasing wherever there is a Disneyland. If you want to have fun and more than fun, come to Disneyland!

(Possible answers: 1) You, if you want to ..., you will...? Put readers into real situations. 2) More adjectives and adverbs are used, especially those in the form of "er/more or est/most"? Adjectives or adverbs to show a strong sense. 3) Ellipsis or imperative sentences? Sentences are shorter and easy to understand.)

Step III. Practice (15 minutes)

① Ask the students to collect persuasive words and sentences from the text.

(设计意图：通过教师引导，学生归纳出本篇课文的文体特点)

② Ask students to polish the language of a passage to make it persuasive.

(设计意图：通过练习加强文体意识，为输出做准备)

The original passage:

It's an amusement park with a long history in North America. Only one amusement park was built earlier than it. Its coasters are good in the world. No other coasters are better than it. When people visit the park, they will ride the stand-up roller coaster, Mantis. No other roller coasters are taller and faster than it. People often play two or three times once they ride it. Fans of the thrill often visit this park, and experience the Maverick, the Millennium Force, and the Dragster.

A possible version for the revised passage:

It's the second-oldest amusement park in North America (installing their first coaster in 1892), and its coasters are the best in the world. If you visit the park, ride the tallest and fastest stand-up roller coaster in the world, Mantis. You can't wait to go again once you take it. If you're a fan of the thrill, visit this park, and experience the Maverick, the Millennium Force, and the Dragster!

Step IV. Extension (12 minutes)

Ask students to work in groups to make a persuasive poster the Sea World in Australia for Sea World in Australia.

(设计意图：通过口头输出实践英语本节课归纳的文体特征，体现知识的迁移)

A possible version:

Are you interested in marine organism? Then visit the Sea World in Australia. You can see a magical sea world. As you wander around it, you can get very close to the animals. You can feed the dolphins and go diving to see fish. Come to the oceanarium to have fun, learning all about a rescue program! In the park, you may also enjoy a roller coaster. With all these attractions, no wonder tourism is increasing wherever there is a Sea World. If you want to have fun and more than fun, come to the Sea World.

Step V. Homework (1 minute)

Ask students to write a poster for the Sea World in Australia.

（设计意图：把课堂上口头表达的内容落实到书面，巩固文体意识）

教学反思

① 充分挖掘教材。本节课的课文由三个主题公园的宣传海报构成，从语言上具有广告的说服力、感召力及亲和力强等特点。课文的语言特点对文章的深层次理解非常重要。本文的问题特征非常明显，通过引导学生从文体角度对文章进一步分析，学习它的语言特点，为培养阅读素养奠定基础。

② 从学生的问题出发。在本篇课文阅读课第一课时，学生通过讨论课文标题加深了对主题公园概念的理解。课文的拓展性练习是让学生设计自己的主题公园，在这一过程中学生很好地演绎了标题的寓意。但我发现，学生对主题公园的描述使用的都是介绍性的语言。事实上，学生更多关注的是所设计的主题公园能否给人们提供乐趣，而没有注意从语言上去吸引别人。这一方面是我没有做语言上的要求，另外也说明学生在阅读这篇课文时确实没有关注文体和语言特征，这与我之前对学生的判断是一致的。所以本节课的设计就要解决这一问题。

③ 教学设计的连贯性。本节课的设计体现了对教材内容的整合和有

效利用。第四步输出部分的话题是 Sea World in Australia，为本单元第一课时听力的内容，学生在介绍时对这一主题公园有了一定的了解，在介绍上不会产生信息差。而且这个内容和课文中的描述有相似之处，听力和课文中出现的词汇在学生输出时可以得到应用。这样学生完成输出活动时就有了内容和语言上的支持，那么他们的关注点就会集中到文体和语言特征上，这个输出任务就会完成得比较好。

二、阅读深层次理解思维培养案例：
校本教材 New Headway English Upper Intermediate Unit 2 Been there, Done that

指导思想与理论依据

《高中英语课程标准》课程目标六级对"阅读"的要求明确指出：学生能根据上下文线索进行推理，理解语篇意义；七级要求学生能理解文章主旨、作者意图。基于以上课程目标，教师应延伸并拓展课文的文本信息，引领学生通过归纳阅读材料来分析文章主旨。

教学背景分析

教学内容：本单元是人教版 New Headway 第二单元，主题为旅游。本课所用材料为本单元课文，标题为"Paradise Lost"，是一篇说明文，介绍旅游对国家经济和游客的影响。文章较长，650 字左右，生词量约为 5%。内容、篇幅和词汇量都对学生有一定的要求，学生初次阅读会感到有难度。针对这篇文章，阅读的第一课时，应主要训练学生根据上下文猜测词义的阅读策略和概括文章的主要内容。本节课是阅读的第二课时，主要培养学生对文本进行深层次发掘的能力，根据标题概括文章主旨；归纳并内化文本信息，为输出做好铺垫。

学生情况：学生为高一年级实验班 B 班学生，共 34 人。学生思维活跃，愿意参与讨论，合作学习的热情高，喜欢尝试新的任务；但由于英语词汇量和阅读思维欠缺，对阅读材料仅关注事实性内容的提炼，忽视了对文章中心等深层次内容的理解。

教学方式：启发式、小组探讨，合作交流。

教学手段：电脑，教师自制课件，学案。

技术准备：电脑操作，PPT 课件使用。

教学重点和难点

重点：

① 引导学生理解材料内容。

② 分析材料所反映的情感态度价值观。

难点：

学生缺乏对标题的关注，缺少探索文章深层次内容的意识。

教学目标（内容框架）

本节课结束时，学生应该能够做到以下几点。

① 以标题为线索深度解读文本，概括文章主旨。

② 分析事实性信息所反映的观点：旅游问题出现的原因。

③ 口头演讲，对旅游中出现的问题提出建议。

④ 正确看待旅游和经济、环境的辩证关系；培养健康旅游的责任意识。

教学过程（文字描述）

① 复习第一课时获取的主要事实性信息。

② 通过提问对标题 "Paradise Lost"，可否换成 "Paradise Disappeared"的探讨，引发学生对文章主旨的挖掘（完成目标1）。

③ 通过回答问题和完成表格对阅读材料进行事实归纳和细节信息提取；归纳事实性问题反映的观点，达到对课文的深层次理解（完成目标2）。

④讨论旅游问题出现的原因并给出建议（完成目标3）。

⑤ 通过口头演讲，总结讨论内容，形成语言输出（完成目标3）。

⑥ 总结深化，回应标题：如何由"双输"的局面转变成"双赢"的局面，由"失乐园"变成"复乐园"（完成目标4）。

教学过程（表格描述）

表6　教学过程

教学阶段	教师活动	学生活动	设置意图	技术应用	时间安排（45分钟）
创设情境	Present pictures of tourist destinations and Ask questions about the title	Talk about the title	点明本节课的话题	电脑操作	3分钟
新课讲解	Ask the students whether the title can be changed into "Paradise Disappeared?"	1. Answer questions about the title 2. Complete the chart to collect detailed information (the whole class' work + individual work)	让学生理解材料主旨	电脑操作	10分钟

续表

教学阶段	教师活动	学生活动	设置意图	技术应用	时间安排（45分钟）
新课讲解+巩固	Ask the students to complete charts and answer questions to analyse the opinions beyond the facts	3. Answer questions about opinions and attitudes 4. Complete the chart to collect detailed information (the whole class' work + individual work)	巩固归纳阅读材料主旨和细节信息的方法	电脑操作	10分钟
归纳总结	Ask students to sum up the reasons why tourism leads to the host country and tourists' loss	Sum up the reasons why tourism leads to the host country and tourists' loss	通过讨论发现文章中心	课堂	10分钟
交流分享	Ask students to give suggestions to solve the problems	Give suggestions to solve the problems	交流讨论成果	板书	5分钟
拓展提高	Ask students to give a speech, introducing the problems caused by tourism and give suggestions	Give a speech, introducing the problems caused by tourism and give suggestions (Group work)	体现知识的迁移	课堂	5分钟
总结概括	Ask students to think about what is needed to change the "no-win" situation	Summarize what is needed to change the "no-win" situation	总结	课堂	1分钟
课后复习	Ask students to collect and study the key words in the text	Take down the homework	反思	课堂	1分钟

学习效果评价设计

反思

设计思考：

第一，从学生的问题出发

学生对课文阅读仅关注事实性内容的提炼，忽视文章中心等深层次内容的理解。本节课教师引导学生从文化差异对文章进一步分析，以探讨文章主旨。

第二，充分挖掘文本信息

根据文本的文体特征，归纳说明文的行文特点；输出任务也遵循这一结构。

第三，培养思维能力

引导学生就课文中心思想展开拓展讨论，培养学生的发散思维。

问题和不足：

授课班级是本人刚刚接手的新班级，学生刚刚进行不到半年的高中学习，对学生的英语基础和学习能力尚没有一个完全准确的判断，教学设计中有对学情分析不到的地方。

反思：本节课重在培养学生的阅读思维能力，引导学生思考文章中的问题并提出解决方法：根据课文所提供的信息，学生归纳旅游景点所在的国家（host country）出现的问题，根据分析问题出现的原因，并基于对课文的理解提出解决问题的建议。归纳问题是对文本信息的提炼和总结，是阅读的浅层要求；分析原因是对文本所提供的信息进行加工和整理，是阅读的较高层次的要求；归纳问题和分析原因是语言的输入过程；提出改进建议是通过口头输出对文本信息进行反馈和评价。本节课符合学生学习语言的认知规律，即从语言的输入到语言的输出；从能力要求上培养学生以阅读为基础的分析、辨析和反思能力，符合通过课堂教学提高学生思维能力的要求。

三、基于可持续性发展教育观的阅读课教学探索

可持续发展教育有三个主要领域：基础教育的促进和改善，在各个层次上重新定位现有教育来强调可持续发展，培养公众对可持续性的理解和意识。其中对现有教育的重新定位要求"教育明确关注与可持续性相关的知识、技能、观念和价值观的培养"。在以往的阅读教学模式下，学生对课文阅读仅关注事实性内容的提炼，忽视文章中心等深层次内容的理解。本节课教师引导学生从情感角度对文章进一步分析，探讨文章主旨，为培养阅读素养奠定基础。通过对文本信息进行概括、归纳、对比，学生归纳出对人物情感分析的方法，然后通过对另一篇结构相似的文章的分析，体现知识的迁移，让学生掌握在阅读文章中通过分析人物情感对文章进行深层次理解这一阅读方法。这种方法在学生今后的阅读中可以广泛使用，为学生养成阅读素养打下良好的基础。

（一）教学背景与设计

表 7　教学背景与设计

课题	必修一第 5 单元 Elias' Story（记叙文的深层理解）
本课教材分析	《高中英语课程标准》课程目标六级对"阅读"的要求明确指出：学生能根据上下文线索推理情节的发展；七级要求学生能理解文章主旨、作者意图。基于以上课程目标，教师延伸并拓展课文的文本信息，引领学生通过归纳主人公情感的变化来分析文章的主旨。

续表

课题	必修一第5单元 Elias' Story（记叙文的深层理解）
课标要求及解读	教学内容：本单元是人教版第一模块第五单元，话题为英雄人物曼德拉。本文题目为"Elias' Story"，是一篇记叙文，介绍 Elias 如何在曼德拉的帮助下成长为一个争取黑人权利的斗士。本课是阅读课，在学生已经读懂了文章大意和细节信息的基础上，引导学生关注课文的深层含义，通过引导学生分析主人公情感变化揭示文章主题，即曼德拉对普通人的引领作用。然后让学生通过情感分析，解读一篇课外文章的深层含义。教师希望通过本课加强学生对记叙文深层含义的挖掘，为培养阅读素养奠定基础。
本课教学目标	知识 1. 分析出教材课文的深层含义 2. 归纳对记叙文进行深层理解的方法 能力 根据所归纳的方法分析一篇课外文章的主旨 情感态度价值观 理解什么是真正的爱国主义
学情分析	学生为高一年级实验班 B 班学生，共40人。学生思维活跃，愿意参与讨论，合作学习的热情高，喜欢尝试新的任务，但由于刚刚进入高中，英语词汇量和阅读思维欠缺，对课文阅读仅关注事实性内容的提炼，忽视文章中心等深层次内容的理解。在课外预习中学生已经了解了文章的主要内容，并完成了文章表层信息的提取和总结的练习。
教学重点	1. 引导学生分析课文的深层含义 2. 归纳对记叙文进行深层理解的方法
教学难点	1. 学生缺乏探索文章深层次内容的意识 2. 学生不知如何对记叙文进行深层次理解

（二）教学过程

表8　教学过程

课前：指导预习探究					
知识预习		探究问题		预期学习效果		
内容方式与要求		内容方式与要求		科学知识	基础—可持续学习能力	价值观与行为方式
通过快速阅读，了解文章的主要内容、年代背景、主要人物的身份及其相互关系 体验记叙文的文体特征和阅读方法		带着问题对文章进行阅读，找出答案并用自己的语言概括		用文章检测已掌握词汇和语法（本篇课文的主要语法是定语从句，在前一单元中已有讲解，本课是复习和延伸）	1. 根据上下文对词汇进行猜测的能力。 2. 根据教师布置的阅读问题对文本信息进行筛选和转换的能力	1. 课下自主阅读，体现自主学习的能力。 2. 通过猜词和查字典等方式解决阅读障碍，体现学习能力中对问题的处理
提示	将指导预习探究作为起步课堂教学的第一环节，帮助学生带着有准备的头脑进课堂				

课中：指导合作探究					
时间	各阶段任务与设计意图	教师活动	学生活动	预期学习效果		
^	^	^	^	科学知识	基础—可持续学习能力	价值观与行为方式
1分钟	点明本节课的话题	Present a picture of Elias and ask them to talk about him.	Talk about Elias.	用已有词汇和知识展示对文章中心人物的理解	进入情境	口语展示，积极互动
2分钟	复习阅读第一课时的内容	Help students to recall what they read about the text by answering questions about facts. Raise the question "What was Elias' story" and lead students to think about what underlying information the passage conveys.	Recall what they read about the text by answering questions. Think about how to answer the question.	检测课前自主阅读效果	温故知新	口语展示，积极互动

续表

课中：指导合作探究							
时间	各阶段任务与设计意图	教师活动	学生活动	预期学习效果		
^	^	^	^	科学知识	基础-可持续学习能力	价值观与行为方式
3分钟	让学生关注主人公的情感变化	Ask the students to list the changes in Elias' feelings and analyze the reasons behind.	• List key words about showing the changes in Elias' feelings. • Discuss why his feelings changed. (the whole class' work + pair work)	快速阅读，搜索信息	新课理解	演练阅读方法
4分钟	帮助学生归纳出主人公思想的成长变化	Ask the students to analyze the key sentences (focusing on the change of personal pronouns) and find out the underlying information.	Analyze the key sentences and make summaries. (the whole class' work)	对文本信息进行归纳总结	实践操作	与老师互动，学会听课
5分钟	通过讨论发现文章中心	Ask students to find out the reasons why Elias changed.	Talk about the reasons why Elias changed. (group work)	总结概括中心	交流分享	演练阅读方法
2分钟	归纳对记叙文深层理解的方法	Ask students to summarize how to read beyond the facts in narrative writing.	Reflect and summarize by completing sentences about the rules of reading beyond the facts.	提炼阅读方法	归纳总结	概括阅读方法

续表

课中：指导合作探究					
时间	各阶段任务与设计意图	教师活动	学生活动	预期学习效果		
				科学知识	基础-可持续学习能力	价值观与行为方式
22分钟	通过阅读一篇课外文章，体现知识的迁移	Ask Students to read another passage to practice reading beyond the facts.	1. Read the passage and find out facts. (individual work + the whole class' work) 2. Find out sentences about feelings. (individual + pair work) 3. Summarize the changes in Li Zhao's feelings and behaviour. (individual work + the whole class' work.) Analyze Li Zhao's change and conclude the theme of the passage. (group work)	应用所提炼的阅读方法	拓展提高	灵活运用所学知识
5分钟	落实本课所总结的深层次理解的方法。	Ask students to present how they understand the passage.	Share what they read beyond the facts in the passage.	讨论成功分析；对他人作品进行评价	效果评价	合作学习，相互评价
1分钟	反思总结	Ask students to read the passage carefully and give their opinions on patriotism.	Read the passage carefully and write down what they think of patriotism.	通过写作落实课堂讨论结果	课后复习	演绎阅读方法；提升思想：理解什么是真正的爱国主义

续表

课后：指导应用探究－预习探究				
作业内容	方式与要求	预期学习效果		
^	^	科学知识	基础－可持续学习能力	价值观与行为方式
对文章进行第二次的阅读并写一篇文章，表达对真正的爱国主义的理解	讨论并写作	学生已有词汇和语法	与他人交流，明确个人思想；通过写作总结个人思想。同时，本篇文章的写作是建立在拓展文章进行分析的基础上，所以这一作业也复习了课上学生所总结出的对文章进行深层次分析的方法	与人交流，提升思想
提示	作业内容既包括巩固、检测本节课需要完成的学习任务，同时又包括对学生后续学习的预习探究指导。作业形式可以是书面的、口头的，或者是社会实践及其他多样化学习方式，意在对学生进行学习习惯、学习能力、行为方式的培养和训练。			

（三）反思——就教学设计而言，此处是相关预案（备忘）

表9　反思

反思	课文主要所展示的是一个被曼德拉所帮助过的一个人的成长的故事。这似乎和本单元的主题无关，但实际上是从一个侧面反映了曼德拉的伟大：英雄人物对普通人的引领作用。如果泛泛地阅读课文，仅了解字面意思，不太可能意识到这一中心。教师通过引导学生关注主人公的情感变化，分析出课文中隐含的内容。 　　本篇阅读课文的第一课时，教师主要引导学生关注事实，这是记叙文最基本的要求。高一刚刚入学的学生，需要掌握各种不同文体的阅读的阅读方法和重点；第二课时，教师要求学生对文章进行深层次理解，找到事实背后的中心，侧重点在人物情感态度和内心世界的分析。这符合记叙文的理解规律。 　　授课班级是本人刚刚接手的新班级，学生刚刚进行不到一个月的高中学习。对学生的英语基础，和学习能力，尚没有一个完全准确的判断，教学设计中有对学情分析不到的地方。本节课容量较大，内容较为深刻，如果在操作过程中出现学生跟不上的情况，本人会根据学生的认知能力做出相应调整："通过阅读一篇课外文章，体现知识的迁移"这一练习会由"全班阅读整篇文章并做出分析"变为"全班同学分为三组，每组阅读一个段落，并对该段落进行分析"。这样，学生们也操练了之前学到的阅读分析方法，课堂时间也足够。在一定程度上达到了训练的目的，实现了本节课的学习目标。
提示	请注意：如果此案例仅是教学设计，此处就是相关预案（备忘），指对在教学过程中可能会出现的超出原教案内容的事件的预测及对策预设，与对做过的案例的反思是有区别的。

123

附件：

可持续发展教育学科教学学生学习探究作业设计建议框架

学习目标

知识目标：

1. 分析出教材课文的深层含义

2. 归纳对记叙文进行深层理解的方法

（1）Picking out ____ sentences ____ about feelings.

（2）Finding out the ____ words ____ of feelings.

（3）Analyzing the ____ reasons ____ for the change.

能力目标：

根据所归纳的方法分析一篇课外文章的主旨

情感、态度、价值观目标：

1. 理解英雄人物对普通人的感召作用

2. 理解什么是真正的爱国主义

一、讲前预习探究

【预习知识】

1. 理解课文 Module 1，Unit 5，Reading：*Elias' Story* 的主要内容

2. 对不同文体文章的阅读方式和理解程度

【探究问题】

1. 回答有关课文 Module 1，Unit 5，Reading：*Elias' Story* 的主要内容的问题：（这些问题属于展示性问题）

- Who was Elias?
- Where was Elias?

- When did the story happen?
- What was Mandela at that time?
- How did Elias know Mandela?
- What was the situation of black people like at that time?
- Who organized the ANC Youth League?
- What did Elias do in the ANC Youth League?

2. 初步形成对文章的整体理解：这篇文章的文体是什么？文章的主要要素有哪些？

Collect the facts of the text：(time，people，place...)

二、课中自主—合作探究

【预习探究学习报告】

找出有关 Elias 情感变化的句子。

【探究问题 1】

补全句子：用表示 Elias 情感变化的词填空。

- The time when I first met Mandela <u>was</u> a very _____ period of my life.
- The day when Mandela helped me <u>was</u> one of my _____ .
- I became _____ about my future.
- I never forgot how _____ Mandela was. When he organized the ANC Youth League, I _____ it _____ .
- As a matter of fact, I _____ violence... But I was _____ to help (blow up) because I knew it would help us achieve our dream of making black and white people equal.

【探究问题 2】

课堂讨论与评价（原位或台前发言、小组或全班）。

通过讨论分析 Elias 情感变化的原因。

听讲与课堂作业（这些问题属于评价性问题）：

- 1. At a very difficult period of my life, why was there a "happiest day"?
- 2. Why did I join the ANC Youth League as soon as I could?
- 3. Why was I happy to blow up government buildings although I did not like violence?

【探究问题3】

对文章标题进行分析:

What was Elias' story?

分析过程:

Before Elias met Mandela:

- I (Elias) needed his help because I had very little education. I began school at six. The school where I studied... I had to leave because my family could not... I could not read or white well. After trying hard, I got a job... Sadly I did not have one because I was... and I worried about whether I would become...

Summary (总结): Before Elias met Mandela, he cared much about himself-After he got Mandela's help:

- It was the truth. Black people could not... They could not get the jobs they wanted. The parts... they had to live... The places outside the towns where they were... No one could...

- I was happy to help because I knew it would help us achieve our dream of making black and white people equal.

Summary (总结): After Elias got Mandela's help, he cared about __ all the black people __.

Conclusion: 文章标题 Elias' story 实际上是 Elias' change after he met Mandela。Elias 由一个只关心个人生活的普通人变成了一个为黑人民主权利而战的勇士,文章的深层意义是表现了英雄人物(Mandela)

对普通人（Elias）的感召作用。

三、讲后应用探究

【应用探究作业】Ask students to read the passage carefully and give their opinions on patriotism. （通过对拓展文章的仔细阅读与分析，总结出主人公情感变化的线索。）

拓展文章：

Li Zhao's Story

Xi'an, September 15, 2012. Nine o'clock in the morning, woken by a loud telephone ring, Li Zhao put the receiver close to his ear with his eyes still shut. He stayed up until 3 a.m. and wanted to sleep more, but his <u>colleague's words made him pop out of bed.</u> Ten of his colleagues held up five banners saying "Protect Diaoyu and Step on Tokyo" outside his company. <u>Inspired by patriotism, he decided to join them.</u>

At the same time, Chinese in about a dozen cities took to the streets to protest the arrival of several Japanese lawmakers and members of right-wing groups at the islands.

On his way to the company in South Street, he saw crowds of people shouting and cheering loudly. <u>With two overturned Japanese-brand cars in his sight, he felt something strange in his heart. A bit uneasy, isn't it?</u>

Meeting his colleagues and seeing the banners, <u>he became excited again.</u> Eager to play his part in the protest, he held the banner over his head. In order to make it higher, he climbed on a stage and waved the banner. Suddenly, he noticed two men stand on an overturned Japanese car, shouting at the top of their voice. Surrounding him were a bang of people, hitting the car with sticks and bricks heavily. <u>At the moment, he stopped and thought to himself: "Is this to love our country?"</u> People there were still in high spirits. Then more Japanese cars were damaged.

His heart sunk. Waving his colleague goodbye, he left the site full of disappointment. As he put it later, "It was not to protest against Japanese, but to harm our people."

Along the way, Wang Zhao could see damaged Japanese cars and crying car owners. He felt ashamed and walked quickly. When he made a right turn, he saw a Japanese - brand car come towards him and head for South Street. Without a second thought, he let out a shout "Stop! They will damage your car." Before the driver understood what happened, he stretched his arms and stood in the middle of the street. He explained everything to the driver, who drove away hurriedly. Within seconds, he realized what he should do next.

Li Zhao got to the nearest snack stand and asked for an empty box. Taking it apart, he wrote "Japanese car damage ahead; Turn around" on one side. Holding the cardboard, he stood at the mouth of South Street. Most Japanese - brand car owners understood what he meant and turned around. "It is a kind of risk: the protesting people may beat me, but I must," he said to himself. In his mind, showing anger to another country and hurting fellow citizens are totally different things.

问题设计:

1. Collect facts of the story:

1) Who was Li Zhao?

2) What happened in South Street?

3) Why did he go to South Street?

4) What did he see in South Street?

5) Why did he leave South Street?

6) At the end of this story, what did he do? Why?

2. Explore what is beyond the facts:

1) Collect sentences about his feelings.

2）Pick out key words.

3）Talk about the changes of Li Zhao's feelings.

学生讨论结果：主人公的情感变化是_____

Protest— not Protest—Protect

课堂结论：真正的爱国主义是让国家更强大

Patriotism is not just to fight against the mistakes other counties made. It should be the movement that gives our own country more power and try to make our country stand on the top of the world. Country is built only by a bunch of people who are willing to make it better.

反思：本节课教师引导学生从情感角度对文章进一步分析，探讨文章主旨，为培养阅读素养奠定基础。通过对文本信息进行概括、归纳、对比，学生归纳出对人物情感分析的方法，然后通过对另一篇结构相似的文章的分析，体现知识的迁移，让学生掌握在阅读文章中通过分析人物情感对文章进行深层次理解这一阅读方法。这种方法在学生今后的阅读中可以广泛使用，为学生养成阅读素养打下良好的基础。在课后作业的设计上，教师要求学生对拓展文章进行仔细阅读，并通过与他人交流，明确个人思想；然后通过写作总结个人思想。一方面学生对自己的思想进行了提炼和总结，另一方面学生也复习了课堂上归纳的对记叙文深层挖掘的阅读方法。

四、基于阅读文本的情境化语法教学

《义务教育英语课程标准》（以下简称《标准》）明确指出："学生通过英语课程掌握基本的英语语言知识，发展基本的英语听、说、读、写技能，初步形成用英语与他人交流的能力。"对语法学习的表述中要求学生"在实际运用中体会……语法项目的表意功能及理解……语法项目并能在特定语境中使用"。这些表述的目的是要改变传统教学中过分强调语法知识的讲解和传授的状况，让学生在运用语言的过程中领悟语法知识要点，要求学生在"做中学"。在新课程理念的指导下，教师应将语法教学置于具体的教学情境中，因为单纯的语法讲解和操练会显得枯燥、乏味，不能激发学生的学习兴趣。由于中国学生学习英语缺乏语言环境以及英汉语言表达习惯和规则的不同，产生语法知识的传授与实际生活脱节的现象，学生只能靠死记硬背语法条文来遣词造句，久而久之，英语语法的学习就成了一种负担，语法教学当然也达不到应有的效果。笔者通过分析自己设计的一节语法教学课，介绍情境设置在英语语法教学中的作用，从而诠释了在英语课堂上如何进行语法教学的情境设置。

（一）中学英语语法教学存在的问题

1. 教师没有有意识地培养学生的思维能力

在教学中应开发学生的智力，培养他们的观察、记忆、思维、想象和创造能力。但是，在课堂教学中，本应该由学生自己去归纳和总结语法的使用规律，都由老师完成了。语法的练习主要是选择题，这样学生对语法的学习只限于规则理解和套用句式，对语法知识的掌握只限于表层结构。教师只注意到自己的教，忽视了对学生思维能力和创新能力的培养，这样学习效果就比较差。

2. 老师完全按照课本教语法

在课堂教学中只围绕课文的内容讲解语法的含义和用法，没有联系学生生活中的具体情景，结果学生学了语法规则后在具体情境下不会使用。语法条款背了很多，但会话和写作时仍然口不择言，错误满篇。教师教语法和学生自己看语法书的效果是一样的，从而使学生对教师的信任感减少。

3. 个别老师语法教学方法单一

教学方法以教师讲解规则、学生机械练习为主，教师帮助学生掌握语法的方法就是讲题。这种单一、被动的教与学方式往往会使学生感到枯燥、乏味，而且负担很重，经常是背了新的忘了旧的，造成恶性循环，给学生造成巨大的精神压力，从而失去学习外语的兴趣。

以上问题反映了在中学英语语法教学中，教师们往往忽视了情境教学法，教学中讲解多，实践少。为什么呢？教师总以为，要把语法规则给学生解释清楚，这样学生才会把这个语法弄懂。但事实上，英语语法使用灵活且情境性极强，单凭语言的讲解很难把某个语法讲清楚。语法教学需要创设情境，让学生学会在具体情境下如何使用语法规则。

随着新课程的进一步推进，英语教学正处于改革的时代，课堂教学强调对交际运用英语的能力的培养，强调让学生在情景中积极操练。教师应该像导演，让学生自己充当演员在交际操练中获得能力。因此，有人认为只要提供学生大量的实践机会就行了，语法规则不必讲授。但是，英语毕竟不是中国学生的母语，教师不讲授语法知识，学生很难掌握语法规则；特别是到了高中阶段，学生如果没有掌握好语法，就难以快速、准确地学好英语。然而，语法知识抽象难懂，如果教师只顾花大量的时间讲授，让学生花大量的时间背诵枯燥的语法规则，那么不仅学生难以掌握必要的知识，也不利于运用英语能力的提高，与目前先进的教学思想是相悖的。笔者认为，语法教学和词汇、写作、阅读教学一样，都要为学生铺设情境，让学生通过在语境中应用语言而潜移默化地掌握语言。每一条语法规则的教学，只要根植于真实的情景这一丰厚的土壤，都能开出绚烂的花朵。

(二) 用语法教学情境化的理论依据

1. 语言学习的本质：学习一门外语的主要目的就是为了进行有效的交际，而语言使用对于外语学习者来说也是一个语言实践的过程。在中学英语教学中运用情境教学，既能活跃课堂气氛，激发学生的学习兴趣，锻炼学生的语言能力，又能培养学生的思维能力和空间想象能力，使学生产生仿佛置身于英语世界的感觉，在轻松、愉快的环境中积极地学习，养成良好的学习习惯，加深语言信息输入，产生语言内化，做到学以致用。

2. 语言学习的规律性：外语课是一门语言实践课，学生掌握语言的途径是实践。教师要给学生创设不断实践的机会。美国心理学家和教育家布鲁姆说："成功的外语课堂教学应当在课内创设更多的情境，让学生有机会运用已学到的语言材料。"对语法教学来说，在情境中根据运用表达的需要使用语法规则，最能体现言语的交际性。

3. 《义务教育英语课程标准》的要求：《标准》要求"在英语教学中，除了合理有效地使用教科书以外，还应该积极开发和利用学校的各种资源，为学生提供丰富、真实的学习语言和使用语言的机会"。英语教学应当词不离句，句不离境。正确的句子是建立在正确使用语法规则基础之上的。这就指出了语法教学要结合情境。

（三）语法教学情境化的实例分析

Teaching Design（English）

Revision of the Future Passive Voice

——Learn Through Use

（在阅读文本的情境中复习一般将来时的被动语态）

Teacher：Lü Yinmei，from No. 80 High School.

Teaching Objectives：At the end of this period，the students will be able to：

For knowledge（language）：

① Have an idea of in what situation they use passive voice with the help of pictures.

② observe and find out the sentence structure of future passive voice.

For ability:

① Make sentences with Passive Voice in the future tense based on the situation set in the pictures which describe different aspects of Olympics.

② Write a letter to introduce the medal competition for the first Youth Olympic Games.

For Emotion:

① Combine study and joy. (Students watch pictures about Olympics, make sentences and write a passage about medal competition.)

② Learn some rules of the Olympics and learn the knowledge of the first Youth Olympic Games.

③ Find that grammar study may not be so boring.

The difficulty in Teaching: Students may have troubles in...

① Understanding the situation in which a passive voice is used.

② Memorizing the sentence pattern for a passive voice.

Teaching Focus:

Present the right form of Future passive voice.

Use Future passive voice in the proper situation.

About the Students: Class 2, Senior 1. They are active and eager to learn.

Study Background: Students have not read the texts, so they will learn about the situation in which a passive is used through the situation created by pictures.

Teaching Method: Learn Grammar in the context created by pictures.

Teaching Strategy: In this period, the students will follow this pattern: Discover—Summarize—Practice.

Teaching Aids: Computer, a Powerpoint file, pictures and handouts for students.

Teaching Process:

表 10　Teaching Process

Steps	Teacher's Activities	Students' Activities	Blackboard
1. Warm – up Get students' interests in the subject (Olympics). Put students in the situation of using the Future Passive Voice, but not mention the grammar.	Introduce the cultural background of unit 2. Ask students to talk about London Olympics by watching pictures. (no special requirements for language)	Watch Pictures and describe them. Learn the knowledge of London Olympics.	
2. Help students to discover the rules of language	Ask students to read part of the interview of an IOC official who introduced London Olympics. Help students to understand the passage. Ask students to underline the sentences which can describe the pictures.	Read part of the interview of an IOC official who introduced London Olympics. Underline the sentences which can describe the pictures.	
3. Summary Summarize the rules of the Future Passive Voice. Ask students to observe the sentences they find and summarize the rules: 1) When a passive voice is used. 2) When the future tense is used. 3) What the sentence pattern is.	Observe the sentences they find and summarize the rules and take notes for future use.	Write the pattern: will/shall be done	

续表

Steps	Teacher's Activities	Students' Activities	Blackboard
4. Practice I Learn to use the Future Passive Voice in sentences. 1）Complete sentences 2）Group Work: Make sentences about Olympics.	1）Ask students to complete the sentences in the situation created by pictures. 2）Ask students to do group work to discuss the content of pictures and make sentences.	1）Complete and make sentences in the Future Passive Voice. 2）Ask students to do group work to discuss the content of pictures and make sentences.	Take down some good sentences students make.
5. Practice II Learn to use the Future Passive Voice in passage.	Ask students to watch pictures and describe the First Youth Olympic Games. Write to introduce the medal design for the First Youth Olympic Games.	Watch the pictures to learn the knowledge of the First Youth Olympic Games and describe them. Write to introduce the medal design for the First Youth Olympic Games.	
6. Assessment Students exchange their writing: Learn from each other. Help to improve.	Ask students to exchange their writing and help to improve. Ask one student to present his writing and let others appreciate.	Exchange their writing and help to improve.	
7. Homework Polish the writing	Cheers	Take down homework.	

反思

本节课是语法课，基本的原则是 learn through use（从用中学）。一般情况下，学生不喜欢语法，因为要背语法规则，还要做大量的习题，所以大部分学生都对语法学习很抵触。本节课希望通过文本铺设合理的语境，让学生在情境中掌握语法，一方面优化学习过程，提高学习效果；另一方面引导学生明白学习语法是为了应用，不是为了做题，借此培养学生学习语法的兴趣，激发其学习动机，从而使之形成学习的内动力。本节课有几个成功之处：一，从描述情境入手，语法规则为辅。在真实的情景中让学生体会语言的使用，有意识地把语法学习的目的引导到训练和交际上来，创设符合生活的、活泼的教学情境，使语法形象化、实践化，以提高学生学习的兴趣，达到语法学习和提高交际能力相辅相成的目的。笔者认为，语法就应该让学生在具体的语境中体会，在"实战"中演练。从用中学，学了即用，这样才是语法学习的真谛。二，活跃课堂气氛，机械练习不俗。语法课上为了熟练掌握某一个语法现象，做机械性的练习，如用语法规则造句等是很必要的。为了活跃气氛，作者用文本创设情境让学生应用语法规则造句。从本节课的情境设计上来说，由于这一单元的主题是奥运会，作者以北京奥运会、里约热内卢奥运会以及即将召开的南京青年奥运会为背景，贴近学生的生活，让学生在他们很熟悉的内容中操练语法项目，有助于提高学生学习效果。学生对图片很感兴趣，情境很容易理解，不知不觉中操练了语言现象。三，练习内容广泛，以现行教材为主。本节课单句练习中使用的全都是课本中本单元课文及练习中的句子，充分利用了教材的资源，而且还便于学生课后复习。总之，通过在情境中学语法、练语法，让学生明白"语法是通过在正确的情境中使用掌握的，而不是生搬硬套语法规则做题学出来的"。这样能够让学生形成学习英语的正确方法：从用中学，学以致用。

五、基于阅读文本的词汇教学

题目：Module 3，Unit 3 Million Pound Banknote 词汇复习课

学情分析：学生来自高一普通班，整体水平较平均，性格热情，思维活跃，知识吸收快，但知识落实不太扎实。他们对枯燥乏味的教学内容难于集中注意力，容易产生厌倦感。因此，在词汇教学中，增强词汇

教学的趣味性和直观性就显得尤为重要。

授课时间：45分钟

教学目标：知识——会用主要词汇根据情境造句，把相关句子组织成一篇文章。

主要词汇：by accident, spot, seek, on the contrary, account for, take a chance, in rags, unbelievable, as a matter of fact, as for（本节课主要练习的是大纲中的重点词汇和交际中的常用词）。

技能——根据课文创设情境，让学生在情境下运用词汇。学会用词句文（用词造句，连句成文）的方法掌握词汇知识。

情感——消除"词汇难学"的恐惧感；通过让学生运用所学词汇培养成就感，建立学习外语的信心，培养学习兴趣。

教学重点：根据课文设置的情境，用词造句，连句成文。

教学背景：本单元有两篇课文，内容是由美国作家马克·吐温的小说《百万英镑》改编的剧本中的两幕。其中一幕是亨利刚刚流落到伦敦街头，被银行家兄弟俩选中担任他们赌博的实践人。另一幕是亨利拿着百万英镑到饭店吃饭时，他出示钞票前后所受的迥然不同的待遇。

知识铺垫：学生读过课文，预习过单词。

教学手段：电脑，含有大量图片的PPT课件。

教学方法：词句文教学（猜词，造句，写作），情境教学（根据图片造句，写作），合作学习（讨论，作文交流，作文互评）。

教学步骤：根据解释让学生猜单词，列出本节课要用的词汇——出示单张图片，让学生找出描述该图片应该使用的词汇——用该词汇造句描述这幅图片；根据图片所提供的背景知识用所复习词汇完成短文填空；根据四幅内容连贯的图片运用主要词汇写一篇短文。

教学过程：第一步，导入（5分钟）

给英文解释，让学生猜测，从而引出本课的主要词汇，而且让学生对这些词汇的含义有了确切的了解。

- in fact; used when adding more details about what you have just said (as a matter of fact)
- as to; when it comes to... (as for)
- To do something that may be a risk (take a chance)
- used to add to a negative statement, to disagree with a negative statement by someone else (on the contrary)
- to be the reason why something happens (account for)
- wearing old torn clothes (in rags)
- very difficult to believe and therefore probably untrue (unbelievable)
- to notice someone or something, especially when they are difficult to see or recognize (spot)
- to look for someone or something (seek)
- in a way that is not planned or intended (by accident)

第二步，把图片所创设的情境与词汇联系起来（10分钟）

（1）出示单张图片，让学生用所给词汇描述途中人物或情境。

图 13 In rags, as a matter of fact

Possible answer: It seems that the man is in rags, but things are not what they appear to be. As a matter of fact, he is dressed in a fashion style.

图 14　Unbelievable, by accident

Possible answer: It was unbelievable that the man found his girlfriend had a secret lover by accident.

图 15　People may believe... on the contrary

Possible answer: People may believe only women can take good care of children. On the contrary, men can also play an important role in looking after children.

the Spring Festival

desire to go home

account for

take a chance

as for

Possible answer: In the holiday of the Spring Festival, the desire to go home accounted for so many people gathering in the station. Some luck ones got tickets. As for the unlucky people who didn't have tickets, some of them still wanted to take a chance in the station, hoping to land on the train.

图 16

（2）用词汇口头造句描述该图片所创设的情境。在造句过程中，通过必要的错误更正，让学生注意词汇的正确使用。

第三步，根据图片13，用本课复习的十个词汇完成短文填空（5分钟）

The man _____ is a beggar who became popular _____ on the Internet. People didn't know why he was reported online so frequently. Some people doubted if he was a real beggar. _____, his style of dressing was copied by many young people, who _____ clothes similar to his at *www. taobao. com*. His personal life also interested people. _____ himself, he paid no attention to people's curiosity. He just wanted to _____ in big cities, no matter what the future would be. He just enjoyed it. His way of life partly _____ his way of dressing.

However, after his mother _____ his picture on TV, she became sure that it was her long – lost son. He hoped to have a happy get – together with the whole family. People guessed there might be a happy turning to his life. _____ he was shocked and extremely sad to learn that his wife and his father had been killed in a car accident. The _____ news awoke him. Maybe it was a time he should think about his life seriously.

The answers: in rags, by accident, as a matter of fact, sought, as for, take a chance, accounted for, spotted, On the contrary, unbelievable

第四步，短文写作：根据图片设立的情境运用主要词汇写一篇短文。（18 分钟）

①布置写作任务：出示四幅图片，并介绍美国"淘金热"的背景知识，让学生相互讨论，弄懂这四幅图片所表达的内容。（2 分钟）

②准备写作任务：把学生分成四组，每组讨论一幅图，根据图上的内容找出可以用到的本课词汇，并进行口头描述。（3 分钟）

以第一幅图为例：学生可能会想到 seek, take a chance, 那么可以说出以下句子：

- In order to seek gold, people set off for California.
- It might be very hard to get gold but many people still wanted to take a chance.

③全班汇报：每组用本课所复习词汇描述图中内容，每组描述一张图，四组就把四张图的内容都描述出来了。（5 分钟）

④写作：根据词汇联句成文，描述这四幅图片所表达的故事：Peter's Experience in Gold Rush.（本课所复习的词汇中，至少用到 6 个）（8 分钟）

第五步，写作交流（5 分钟）

①同桌同学交换写作，互相评价。

②全班交流：一名同学念自己的作文，全班同学评论。

第六步，布置作业（2 分钟）

①修改完善自己的短文。

②自己创设情境,用本节课复习的词汇写一篇短文(本课所复习的词汇中,至少用到6个)。

反思:这节词汇复习课的学生活动有猜词、造句、短文填空、写作、作文评价。不同于以往的词句文教学,这节课充分地用文本设立情境,让学生有感而发,在特定的情境下充分运用词汇。在具体情境中教单词,不但可以帮助学生理解,而且有助于学生把所学单词在交际中恰当使用,充分体现外语教学的交际功能。在不同的语境中学习和运用新学词汇,可以拓宽和加深对其含义的理解,对其运用也更有把握。分析这一教学实例,笔者认为,它在以下几个方面体现了词汇教学的实效性。

英语单词的情境化:英语语汇丰富、词义纷繁、使用灵活且情境性极强,让学生根据图画的需要找到相应的词,这是让学生了解到在这节课上学到的词在哪些场合可以用,可以实现哪些交际目的,符合语言教学的交际性原则。

词汇运用即时性:图片为词汇的运用设立了具体情境,学生在知道了该情境下该用哪个词汇后马上用词汇造句,描述这个情景,是一个很好的词汇运用的机会,完成了语言的交际目的。事实上,英语造句的能力很重要,如果学英语而不会英语造句,那么英语水平就会停留在单词的级别上,永远也达不到出口成章、下笔成文的高度。不会造句,语言的学习就是单一的、片面的,缺乏综合运用语言的能力。而且,造句是落实词汇知识的好方法,词汇巩固应做到词不离句、句不离篇。以往学生在造句过程中经常感到言之无物,为了用到某个词汇而生搬硬套,凭空想象,不仅造出的句子内容生涩、语意勉强,而且词汇的语境出现错误。本节课上,通过图片设立具体而形象的情境,让学生言之有物、语意流畅。

词汇运用文本化:写作使词汇运用篇章化。写作提高学生词汇量和语言能力的效能和效率是很高的。本节课设计了两个写作内容——

短文填空和看图写作。短文填空一方面让学生练习了阅读能力，另一方面也给后面的写作提供了铺垫：学生在自己进行了造句练习后，通过阅读短文，又有机会观察所学词汇在具体情境下的应用，为后面写短文提供了模版。短文写作顾及词汇在"淘金热"这个文化背景下的应用：in rags, by accident, sought, as for, take a chance, accounted for, spotted, unbelievable 恰恰能够描绘图中所表现的淘金人的经历。as a matter of matter, on the contrary 正好能把四幅图的关系联系起来。这样，图画所设立的情境完全能够用本节课复习的词汇表现出来，本节课复习的词汇在情境中得到充分的使用。写作这种综合性很强的练习把词汇运用情景化、生活化，于是学生的词汇学习就达到了灵活应用这一目的。

有待改进之处：对学生造句的错误更正要有针对性，应重视学生对语境演绎的正确性，不应苛求语法搭配面面俱到，否则本节课的重点就会有所偏差，而且占用过多时间。应该把时间留给学生，让学生多练。

学生互评作文应给予评价标准：如词语使用是否体现语境，故事情节是否连贯，时态正确与否等，这样学生的评价就更有针对性，相互学习才更有意义。

六、听力阅读双重输入的听说教学

指导思想与理论依据

《英语课程标准（2011年版）》和《高中英语课程标准》对高中一年级的六级能力"听"的要求明确指出："能抓住所听语段中的关键词，理解句子之间的逻辑关系。"对"说"的要求是"能理解口头或书面材料中表达的观点并发表自己的见解"。同时，对"读"的要求中包括"能从一般文字资料中获取主要信息和观点"。2014年颁布的高考改革方案提出"英语学科要突出语言的实际应用，提高学生综合运用语言的能力"。基于以上课程目标，教师延伸并拓展课文的文本信息，跟进了一篇表达与课文不同观点的文章 *Only – children are happier than those with siblings* 让学生阅读，引领学生通过听力和阅读捕捉表达主人公观点的主要信息，并通过对比两种不同的观点培养批判性思维，归纳主人公要表达的观点并联系自身生活经验发表自己的见解。

教学背景分析

教学内容：

本单元是本校校本课程教材 *New Headway*（*Intermediate*）第9单元听力，话题为家庭关系。本单元第一课时是语法课，讲解情态动词表推测语气，学生学会了如何表示假定的情形。本节课中作为独生子女的学生要想象多子女家庭的情况，并站在非独生子女的角度发表见解，可以用到这一语法。第二课时为阅读课，从一个父亲和女儿的不同角度谈论父女关系。学生提炼了一些父母和孩子如何促进家庭关系的观点，这些观点有助于学生形成全面的思维，为本节课的讨论提供资源。第三节课是听力，主要内容是关于一个多子女家庭的访谈。学生提炼出了非独生子女的优点和缺点，本班的大多数学生是独生子女，这篇听力文章极大地拓展了学生的思维，通过对比优点和缺点两种情况，学生能够形成批判性思维，学会对一个事物进行全面的分析。这篇听力中的很多观点和本节课的观点形成对比，引发了学生深层次的思考。本节课是第四课时，也是听力课。本课听力的文本材料也是一篇采访，被采访人是一个独生女，她讲述了儿时、青少年及成人时期作为一个独生女的感受。本文约330字，生词较少，不影响学生对主要信息的捕捉。但文本内容以访谈的真实情景呈现，学生在个别语句的理解上有一定的难度。本节课教师关注的重点是学生对听力主要内容的概括、对支持观点主要细节的捕捉和对主人公观点的评价。听力中所呈现的是主人公对独生子女的抱怨，为了使学生的思维更为开拓，观点更加积极，教师跟进了一篇题目是"Only-children are happier than those with siblings"的文章（大约300字），旨在通过阅读，增加信息和语言的输入，拓展学生的思路，让学生的思维更全面，讨论更充分。从话题上讲，班里的绝大部分学生都是独生子女，都有亲身体验，在讨论时有可以表达的内容。而班里为数不多的非独生子女也可以从自身角度发表观点，使讨论更全面、更真实。

学生情况：

学生为高一年级实验班B班学生，共40人。学生思维活跃，愿意参与讨论，合作学习的热情高，喜欢尝试新的任务。在前几个课时学生对家庭关系的内容已经有所讨论，并学习了sibling，an only child，advantage，disadvantage等话题词汇。由于前几个课时对家庭关系的探讨出现了不同的观点，如父母和孩子对和谐家庭的不同看法，非独生子女的利与弊等，学生脑子里储存了大量信息，但没有机会在实际问题中应用，从而缺乏对信息的整合和分析。同时班里的绝大部分学生都是独生子女，也有为数不多的非独生子女，为独生子女问题的讨论提供了机会。由于学生的英语水平有一定的差异，为了让不同层次的学生都有发挥和进步的空间，在最后的输出活动中，有访谈、诗歌和个人演讲三种不同的方式供学生选择。

教学方式：启发式、小组探讨，合作交流。

教学手段：电脑，教师自制课件，学案。

技术准备：电脑操作，PPT课件使用。

教学重点和难点

教学重点：

①在听力过程中培养学生进行预测，获取信息进行问答，做笔记记

录信息和对信息进行处理。

②引导学生快速阅读并归纳作者的主要观点。

教学难点：

①在教学过程中如何更好地创设场景，让学生有话可说，乐于表达。

②在听的过程中如何指导学生更快地记录更多的有效信息。

③如何引导学生快速阅读并归纳作者的主要观点。

教学目标（内容框架）

本节课结束时，学生应该能够做到以下几点。

知识

①在听力材料中巩固记忆 sibling, an only child, advantage, disadvantage 等话题词汇。

②提取出听力材料的主要内容和关键细节信息。

③快速阅读文章并提取主要观点。

技能

①提取出听力材料的主要内容并归纳出被采访人作为独生女是否幸福。

②快速阅读文章并提取或归纳出独生子女快乐的原因。

③结合自身体验，谈论作为独生子女或非独生子女快乐的原因。

情感态度和价值观

享受自己的身份，无论是独生子女还是非独生子女，都要有积极乐观的心态。

教学流程示意（可选项）

图中内容：

教学流程

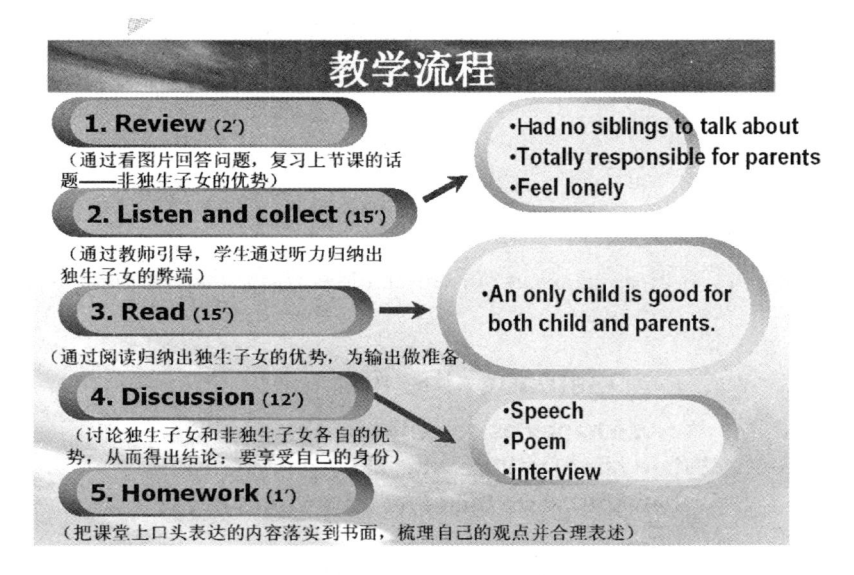

1. Review (2') （通过看图片回答问题，复习上节课的话题——非独生子女的优势）
→ ・Had no siblings to talk about
・Totally responsible for parents
・Feel lonely

2. Listen and collect (15') （通过教师引导，学生通过听力归纳出独生子女的弊端）

3. Read (15') （通过阅读归纳出独生子女的优势，为输出做准备）
→ ・An only child is good for both child and parents.

4. Discussion (12') （讨论独生子女和非独生子女各自的优势，从而得出结论：要享受自己的身份）
→ ・Speech
・Poem
・interview

5. Homework (1') （把课堂上口头表达的内容落实到书面，梳理自己的观点并合理表述）

图 17　教学流程

教学过程（文字描述）

I. Review（复习）

目标达成：讨论非独生子女的优势，复习上节课内容。

Discussion：（全班讨论，切入主题）

Question：Why is it good to have a sibling? (Present pictures to help students think of what they learnt in last period)

II. Listen（听）：

目标达成：教师引导，学生通过听力归纳出独生子女的弊端。

① Pre–reading（听力前活动）

目标达成：讨论作为独生子女是否快乐，为听力情境做铺垫。

Ask students to tell whether they are happy to be an only child.

147

Questions：Are you happy as an only child? Why?

② While – listening（听力中活动）

目标达成：学生通过提取主要信息、捕捉关键词、分析上下文线索等方式，理解听力材料，并在教师引导、启发下，采用整段听和单句听等方式，归纳主人公观点。

1st time listening（第一遍听）

目标达成：归纳主要观点。

Question：Is Rose happy as an only child?

Listen for the first time

- Is Rose happy as an only child? ?
  When she was little, she <u>liked</u> it.
  When she was a teenager, she found it was <u>hard</u>.
  When she is an adult, she finds it is <u>difficult</u>.

图 18　1st time listening

Summary the main idea 小结主要观点

目标达成：通过总结，检测听力效果，同时为输出活动提供信息支持。

T：Is Rose happy as an only child?（师生用关键词小结并板书）

S：No. She first thought she liked it, but she finds it difficult now.

2nd time listening：（第二遍听——提炼细节来支持主要观点）

目标达成：通过听力捕捉有效信息，概括主人公观点。

① Ask the students to listen and take down useful notes about Rose' opinion on being an only child.

② Help students to summarize how Rose thinks of being an only child.

Questions: When she was little, she _____ it.

She had _____ and _____ .

What did they do?

What happened later?

Why did she find it was hard when she was a teenager?

She had no _____ to talk about how to deal with things or people.

She had _____ . However, _____ .

Why did she find it difficult when she is an adult?

Summary the details 小结细节信息，分析主要观点的形成。

目标达成：通过总结，检测听力效果，同时为输出活动提供信息支持。

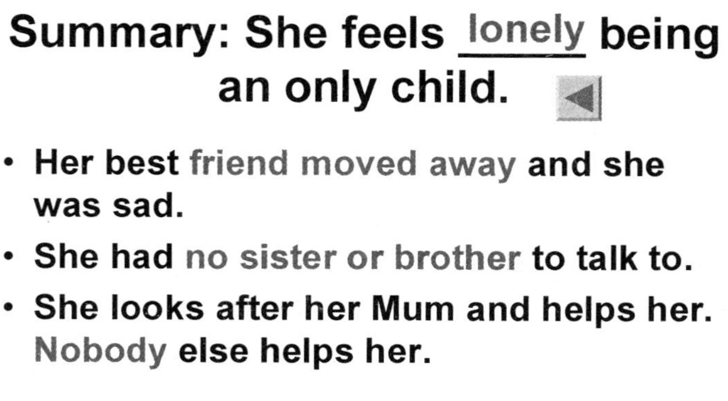

Summary: She feels <u>lonely</u> being an only child.

- **Her best friend moved away and she was sad.**
- **She had no sister or brother to talk to.**
- **She looks after her Mum and helps her. Nobody else helps her.**

图 19　目标达成

③ Post – listening：（听后活动）

目标达成：反思作者观点，换角度思维。同时复习本单元第一课时语法：虚拟语气，为阅读和输出做铺垫。

Ask students to give suggestions for Rose.

Question：She could feel less lonely being an only child if...

Ⅲ. Reading（阅读）

目标达成：通过阅读，学生归纳出文章的主要观点，同时也拓展了学生的思路。

Ask the students to read a news report *Only – children are happier than those with siblings* and summarize the reasons why only – children are happier.

Question：Why are only – children happier?

探究过程：

① 阅读文章并找出作者观点

- Which are happier? The only child or child with siblings?
- The key：An only child is good for both children and parents.

② 作者的观点分析

Why are the only – children happier?

- They don't have to fight for their parents' attention. They receive all their parents' attention.
- Parents can educate an only child well.
- An only child has more privacy.
- An only child is good at making friends and more independent.
- Parents can take good care of an only child.

Ⅳ. Discussion（讨论本课主题）

目标达成：通过讨论反馈听力及阅读的内容，同时提出新的观点。

①Talk about their opinions.

Why is it happy to be an only child or a child with siblings?

T：There are words from psychologists "Emotions can spread". Let's think：

• An only child is good for both the child and the parents.

图20 提出新观点

ARE YOU A HAPPY ONLY CHILD?

Are you happy with siblings?

② Express their feelings and ideas.（表达读后情感和观点）

T: Talk about reasons why you are happy to be an only child or child with siblings: You may talk from the following aspects:

how your family treat you

your parents

your friends

your characters

……

Everyone must contribute one reason why you are happy.

Choose a group leader to put all your reasons together and present to the class: a speech, a poem, an interview.（联系个人生活经验，讨论独生子女和非独生子女的优点）

V. Homework（作业）

目标达成：把课堂上口头表达的内容落实到书面，梳理自己的观点并合理表述。

Writing：I am happy to be a... （child with siblings or an only child）

A composition or a poem

Blackboard design：

Is Rose happy as an only child?

lonely

Why are only - children happier?

Only - children happier	parents	child
reasons	Educate child well Take good care of child	Receive all their parents' attention Have more privacy Be good at making friends and more independent

反思：

①激活学生的生活经验，培养学生的思维能力

学生通过听力和阅读捕捉到主人公表达的主要信息后，归纳主人公要表达的观点并联系自身生活经验发表自己的见解。当学生的真实生活经验被激活的时候，他们能够真实地运用语言表述个人见解，这样，语言学习的效率会更高。

②符合语言的学习规律

本节课语言训练的基本规则是从语言的输入到语言的输出。教师设计了听力和阅读的活动，旨在帮助学生在操练听力及阅读技能的同时，对材料中的观点进行归纳，为后面的输出做铺垫：先听后说及先读后说，从教学环节的设计上，先概括后具体；先听主要内容再听细节信息，然后概括作者主要观点。阅读也是如此。

③满足不同学生的学情需要。

从话题上讲，班里的学生都有亲身体验，所以在最后讨论时对

"Why are you happy as a only child"有可以表达的内容。同时，本班学生水平有不同层次的区别，为了让不同层次的学生都有发挥和进步的空间，在最后的输出活动中，有访谈、诗歌和个人演讲三种不同的方式供学生选择。

附录：阅读文本及学生展示作品

Only-children are happier than those with siblings

A UK study has claimed that only-children are more satisfied and happier than those with siblings because they do not have to fight for their parents' attention.

Figures from a study tracking the lives of 100,000 people in 40,000 British homes suggest only-children could be happier because they receive all the attention from their parents and do not have to fight for praise or care.

The result was supported by Hollywood actress Natalie Portman: "I would never have been an actress if I weren't an only child because my parents would never have let me be the star of the family at the cost of another child."

In an average home, the more children there are, the less private children feel. The fact that toys, sweets or space need to be shared may not be acceptable to everyone.

University of Warwick professor Dieter Wolke said: "Fighting siblings increase stress for parents, and some just give up intervening（阻碍；出面）." Also, there is another fact that cannot be ignored. "With three children, it is three lots of dinner, three lots of washing, three lots of driving to after-school activities, so you do get less time for each." said Freegard, a mother of three kids.

Honey, who has an only child used to fear that her daughter felt lonely without siblings, but friends always point out that she is a really happy child. "When we go on holiday she is brilliant at making friends and if there was a brother or sister perhaps she wouldn't be, because she would depend on them," said Honey.

学生作品示例：

A: a speech

In my opinion, I think it is good to be an only child in my family, because first when I meet some trouble, I will figure out on my own, so I will be more responsible for the family and so I will be more independent. Second, if I am the only child in my family, I will try my best to communicate with the outside world more. But if I am not (the only child), maybe I will depend on my brother or sister more, so I will stick together and our world will be limited. Second, or sorry, third, I think if I have a sister, our characters will be influenced by each other, so I think it is good to be the only child. (a speech by Li Jiawen's group)

B: A poem

Parents

Responsible relaxed

Working caring devoting

Could be better educated

nice

Explanation:

There is only one child in the family, the parents will be working less hard because they only need to take care of one child and they will devote all their time and energy to the child, so he could be better educated. So both parents and child will lead a nice life. (by Xun Yunshan's group)

第四章 阅读相关课题研究

一、通过网络阅读提高中学生课外阅读能力的行动研究

研究背景

课外阅读的重要性

国内外诸多研究证明，大量英语阅读对提高英语综合能力有极其重要的作用。Nuttall 认为："提高外语水平的最好办法就是去讲那种语言的国家居住，除此之外最好的办法莫过于大量阅读。"在高中阶段，四项技能综合训练，侧重培养阅读能力。这种阶段侧重的做法是符合我国英语教学规律的。高中阶段书面语大量增加，培养阅读能力对学生这一阶段的学习和为大学打基础都非常重要。吸收语言和信息的渠道主要是靠听和读。在中国多数地区，学生不可能以听为主要渠道，但大量开展阅读是可行的。阅读是理解和吸收书面信息的手段，它有助于扩大词汇量，丰富语言知识，了解英语国家的社会和文化。听是理解和吸收口头信息的手段。听和读是吸收，是输入；说和写是产出，是输出。只有足

够的输入量，才能保证学生具有较好的说和写的输出能力。在中国这样缺少英语环境的条件下，要迅速大幅度地增加词汇量，要使学生产生语感，训练他们用英语思维，自由地表达思想进行交际，大量阅读是一条捷径。对语言学习来说，阅读是吸收语言材料、增加语言知识、扩大词汇量的重要方式，阅读能力是一种综合能力，提高阅读能力能为口语和写作能力的发展打下良好的基础，也能使学生从英语阅读中认识学习英语的真正价值，体验英语学习的快乐，树立学好英语的信心。所以，学生所学的语言知识能否巩固，言语技能能否得到培养与发展，在很大程度上取决于学生能否真正地学会阅读。从英语教学实践来说，虽然在当今中国，中学英语教学有了很大的变革，但不容置疑的是不论采取何种方法，大多数英语课堂还是未能摆脱"讲解加练习"的模式（传授语言知识、讲解语言材料外加单词用法、句法结构、语法规则的练习）。众所周知，英语作为一门语言，可教的规则十分有限，只是很小的一部分，而语言运用之复杂、微妙是无法言传的，只能凭借学习者自己在课外细心领会、用心感悟。对于缺乏语言学习自然环境的中国学习者来说，英语阅读恰恰是最直接、最便捷，也是最有效的。中国学生每周有5~6节的英语课，每节课45分钟。这6节课中，有2节课用在教材课文的阅读和讲解上，1节课用于学习单词，1节课学习语法，1~2节课用于做练习和练习的讲解，真正用于阅读的时间只有20%左右。这对于提高阅读能力来说，是远远不够的。即使是在阅读课上，学生应是阅读的主体却没有被给予足够的阅读时间；该是学生的阅读行为，教师却越俎代庖；学生回答过的，教师句句重复；学生发言应面向全体同学，教师却成了唯一的听众等。如果学生主体性没有得到发挥，那么就不能主动输入语言知识，很难提高阅读技能，更谈不上语言的运用。综上所述，课堂教学不能实现学生应有的阅读量，而且阅读的时间也不能仅仅限于每周5~6课时，所以尤其要充分利用课外时间，让学生进行大量英语课外阅读。

研究意义

2003年颁布的《普通高中英语课程标准（实验）》十分重视学生英语阅读能力的提高，对高中学生的课外阅读量做了专门的规定："除教材外，课外阅读量六级应达到20万以上；七级要达到30万以上；八级要达到36万以上。"高中毕业时学生的英语水平应达到八级，其阅读量应在36万字以上。这也就是说除了课内阅读教学之外，学生的课外阅读必不可少。学生只有在大量阅读的基础上理解感悟阅读学习素材，才能够积累丰富的语言文化知识和技能。同时，通过课外阅读，学生自主学习和主动探究的良好的学习习惯才能养成，这会促使他们的语言运用技能不断地提升。此外，课程标准提出了全新的理念：重视共同基础，构建发展平台；提供多种选择，适应个性需求；优化学习方式，提高自主学习能力。其中之一就是利用现代教育技术，拓宽学习和运用英语的渠道。课标对此也有相关的要求，七级目标是能根据需要从网络等资源中获取信息，八级目标是能根据学习任务的需要从多媒体中获取信息并进行加工处理；最高的九级目标是能有效地利用网络等媒体获取和处理信息。这些要求在课堂教学中无法满足，所以必须让学生把课外时间利用好，通过课外阅读达到课标的要求，提高自主学习和英语阅读能力。而中学生思维敏锐，活泼好动，课外很难沉浸于文本的阅读中。现代的信息社会网络传递、加工、存贮与利用了大量的信息资源，而这些丰富多彩的网络资源较多是建立在英语语言平台上的。也就是说，网络空间中有大量英语资料，多过任意一家图书馆。而且，网络环境下的英语课外阅读教学有两个优点：首先，题材广泛、新颖。网络有信息承载量大、更新迅速的特点，所以网络英语泛读教学也呈现出题材广泛的特性。题材的广泛性体现为信息多样，覆盖政治、经济、科技、教育、文娱、体育等各方面内容。这一优势有利于拓宽学生的知识结构和激发学生的阅读兴趣，并能增强学生适应各种阅读材料的能力。其次，语言生动、鲜活。网络上可供选择的语言学习资料非常丰富，英文原版文章也很多，英文原版文章的语言表达方式真实地道，符合英语国家的语言习惯，有助于提高学生实际运用语言的能力。而且语言是不断发展的，新的词语源源不断地出现。一些新词、新短语、新表达最先在网络上出现、运用和普及，所以网络英语泛读教学内容的来源决定了它在语言资料上的优势。许多研究者已经在教学中逐渐应用网络资源，包括用于阅读方面，但目前网络阅读的研究主要集中在大学英语教学中，研究者进行过大量的实验研究，他们的研究模式具有可操作性和推广应用价值，而中学阶段把英文网页作为课外阅读材料的研究还有待探索。

问题的提出

《普通高中英语课程标准（实验）》要求高中毕业生完成至少30万字的课外阅读。从2009年9月任教高一年级开始，笔者就重视对学生课外阅读的要求。2009至2010学年第一学期统一发放课外阅读书《阅读周计划》，该书结合学生学习中的具体情况，以周为单元制定阅读周期，通过每篇难度和字数的逐步调整，保证阅读数量和阅读质量。书中还有提升学习方法与应试技巧的文章。由于这本书按天安排阅读内容，笔者布置的课外阅读内容是每天阅读两篇文章并做完后面的四选一理解题。第二学期统一发放另一本课外阅读书——《阅读6技能》，这本书中有100篇文章，每篇文章后有6道理解题，包括主旨大意、猜词、信息查找、作者意图判断、篇章结构、逻辑6种阅读技能的考查。两个假期布置读小说，开学交读后感。经过这一年的课外阅读训练，笔者发现效果不好，主要反映在学生的反馈上。学期初，笔者检查学生的课外阅读时，发现学生做得还比较认真，题目中有错误和改正的痕迹，但越往后，学生做得越不认真，有的答案明显是抄的。有时候笔者在课堂上说一说，让他们重视课外阅读，学生们就随便在书上画几个标记，表示读过了。假期的阅读原著和写读后感更是无法控制。很多人根据书中某一情节展开议论。一句话来概括，课外阅读没有达到目的，大多数学生没有养成课外阅读的习惯，阅读能力没有提高或提高幅度不大。这让笔者开始反思自己的问题。笔者决定以此为题，尝试采取行动研究的方法，实施"提出问题—分析问题—寻求对策—实施行动—效果反馈—调整"的行动研究，以笔者任教的高二（11）班同学为研究对象，研究他们的课外阅读问题。

提出假设

根据笔者以往检查课外阅读作业的情况，笔者得出了以下假设：（1）学生认为课外阅读不重要。（2）学生自觉性差，没有养成自主进行课外阅读的习惯。（3）学生词汇量小，使课外阅读没法顺利进行。

问题的调查和分析

为了弄清问题的原因，高二一开学，笔者就找笔者任教的高二（11）班同学做了调查问卷和访谈。问卷涉及学生课外阅读现状和学生对课外阅读态度、兴趣等几方面内容，35名同学参加了调查。问卷中笔者设计了这个问题和选项"英语课外阅读的困难（多选）"，图22反映的是调查结果。

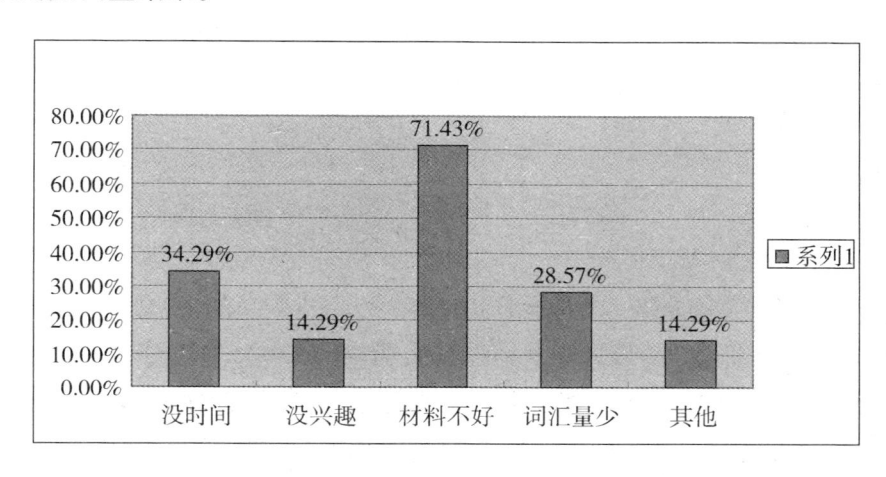

图21　英语课外阅读的困难

34.29%的人反映没时间进行课外阅读，这个问题值得思考，因为高一、高二的学生课业负担虽然很重，但每天挤出20分钟左右的阅读时间还是可以的。笔者认为学生是在给自己找借口。71.43%的学生认为"发给他们的阅读材料不好"，这确实是个意外，因为笔者自以为精心挑出来的这本书学生应该能够接受，结果多一半的学生不认可，让笔者认识到课外阅读材料的选择一定程度上影响了学生的课外阅读效果。28.57%的学生认为词汇量小影响阅读，这正如笔者所料，词汇量给阅读造成了障碍。

另一个问题的是"课外阅读的目的（多选）（1）消遣娱乐（2）获取外国新闻（3）扩大知识面（4）考出好成绩（5）提高英语水平"，结果如图23所示。

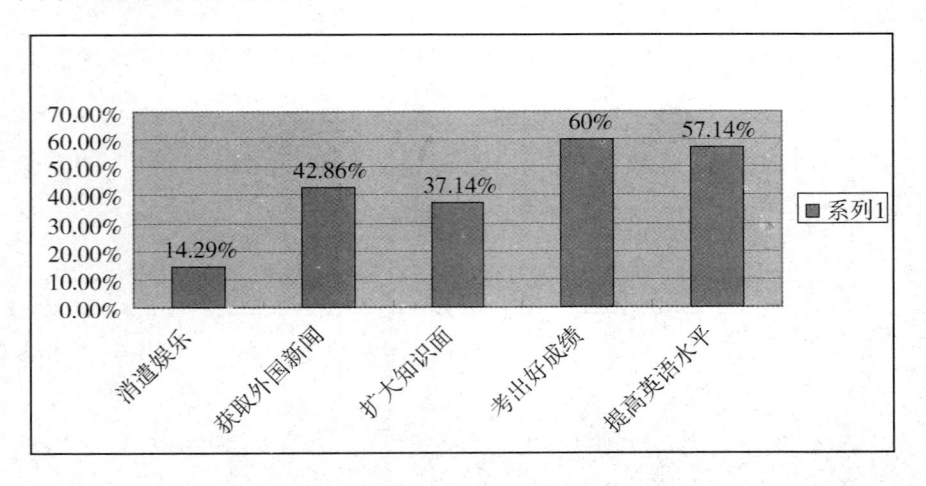

图22　英语阅读目的

这个问题中的第二个选项有42.86%的人表示认同，这体现了学生其实潜意识里把外语看成了获取信息的工具，这是好事，符合语言学习的规律。60%的学生希望考出好成绩，这反映了应试教育体制下学生的真实想法，还有57.14%的学生希望提高英语水平。

问卷中关于英语学习时间和课外阅读时间显示，54.29%的学生每天能有1~3小时的英语学习时间，说明课外学英语的时间不少，但就课外阅读的时间和频率来说，14.28%的人很少做课外阅读，40%的人有时做，这说明课外阅读坚持得很不好，时间和频率保证不了，效果肯定会受到影响。

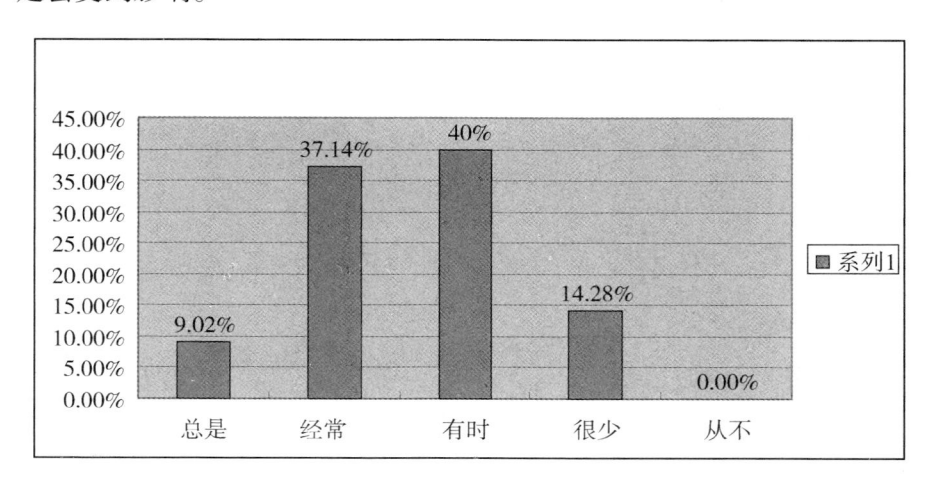

图23　英语课外阅读频率

"对英语课外阅读重要性的认识：（1）很重要（2）比较重要（3）无所谓（4）不太重要（5）不重要"这一问题的结果显示，认为课外阅读很重要或比较重要的人达到了77.14%。

调查问卷中有两个开放性问题，其中一个是："英语课外阅读在哪方面对你有哪些帮助？"学生的回答主要有"提高阅读能力，增强语感，了解英美文化背景，增强英语学习兴趣和愿望，理解语法和扩大词汇量"，这些答案说明学生还是很认同课外阅读的。另一个问题是："不做英语课外阅读的原因是什么?"学生的答复主要有"课程作业太多挤不出时间，适合的英语读物太少，老师没有硬性要求，英语基础差读不懂，考试不考没有实际用处"。说明学生还是认可课外阅读的重要性的，只是在实际操作中因为时间、材料的选择和阅读策略上有问题，

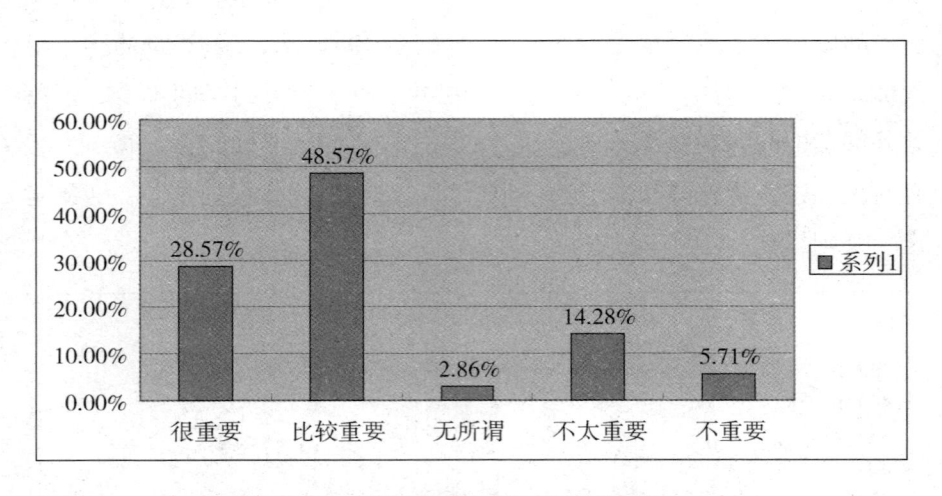

图 24　对英语课外阅读重要性的认识

　　影响了阅读的效果。

　　同时笔者对六名学生进行了访谈，话题是"什么样的课外阅读材料最吸引你"和"课外阅读坚持不下去的原因是什么"。这六名学生是随机抽取的，二名男生，四名女生。访谈地点在教师办公室，时间是晚自习前的休息时间，每人访谈时间不超过三分钟。就课外阅读材料而言，学生们普遍反映他们喜欢内容新颖、语言地道而且比较流行的阅读材料，题材要广泛、真实、贴近生活，最好能从阅读中学点儿词汇。至于不能坚持课外阅读的原因，学生认为高一的阅读书和教材在语言、内容上太像，缺乏真实感和趣味性，使他们没有兴趣读下去；而且从教师的检查方式来说，比较好对付，老师好像也不重视课外阅读。以下是访谈记录及分析。

表 13　访谈内容

关键语汇（出现频次）	上位概念	概念类属	对数据中意义的解读
话题1：什么样的课外阅读材料最吸引你？ 一，内容新，语言易懂。最好和我生活中的一些事情相关，或者与我学的内容有关。 二，娱乐方面的吧，平时学习生活太枯燥了，能有些轻松的材料读一读也好啊！ 三，别跟教材似的。 四，课下就别再增加负担了。 五，词汇最好能难点儿，但得是常用词。 六，我喜欢内容真实的材料，让我觉得不是在做作业。	对阅读材料的喜好	阅读材料	学生愿意阅读有背景知识的文章，这符合建构主义的教育理论。学生根据自己的知识与理解接受新知识，说明学生对新的知识有畏难心理，但也乐于接受。 学生不愿意把做阅读当成负担，说明平时学习压力很大，但并没有完全拒绝。 学生希望通过阅读来扩大词汇量，说明学生有拓展课外知识的愿望，也印证了调查问卷中学生词汇量不足的问题。
话题2：课外阅读坚持不下去的原因是什么？ 一，课外阅读也是在做阅读理解题，那跟课上的练习有什么区别？课外练习不就成了每天的课后阅读作业吗？如果是作业的话，您也不讲，有时候题错了，都不知道怎么错了。时间长了，也就不做了。 二，您检查时只看做没做题，把答案抄抄，文章中划划线，不就行了嘛。不读文章也能做作业。 三，文章中的生词记不过来，课本里还有很多生词呢，课外阅读里也有，查也查不过来，记也记不住，干脆不读了。 四，课外阅读的文章内容有的和课本太像，不太像真实发生的事情。 语言不太好懂，和课本很相像，和我在聊天室看到的老外的语言不太一样。 五，有的时候文章没看懂，但后面的题目都做对了，这题目太简单了吧。	学习障碍分析	阅读动力	学生对阅读内容和形式都感到厌倦，一定程度上反映了对材料的不满意，也反映了学习态度的问题。教师要分析出原因，找到让学生坚持阅读的动力。 学生发现教师对课外阅读检查力度不够，所以更不重视课外阅读的学习了。中学生的自主学习能力不强，需要教师的正确引导和必要的监督。 课外阅读材料中的生词困扰着学生，一方面学生现有的词汇量不够，另一方面也暴露了学生词汇学习策略和生词处理策略上的问题。 学生对课外材料有高的要求，这是学生自主学习能力的一个体现。

续表

关键语汇（出现频次）	上位概念	概念类属	对数据中意义的解读
话题3："什么内容你比较感兴趣？" 一，故事吧，小说，传记都可以。 二，简单点儿的小说。 三，体育娱乐方面的。 四，内容不难，能看懂的。 五，我爱看英文电影。	对阅读材料的要求	潜在的学习意识	学生其实对自己的学习有要求，这是学生有自主学习能力的表现，但也需要教师的引导和监督。

综合问卷调查和访谈，其结果有以下几点。

（1）对课外阅读的态度：从对课外阅读重要性的认识上来说，17人（48.57%）认为它很重要，10人（28.57%）认为它比较重要。认为课外阅读很重要或比较重要的人达到了27人（77.14%），所以大多数的学生对课外阅读持肯定态度。这与笔者之前的假设不符。

（2）课外阅读的习惯：对做课外阅读的时间来说，9人（25.71%）承认每天有0小时用于课外阅读。这一数字和"英语课外阅读频率"问题中反映出来的5人（14.28%）"很少做课外阅读"很接近。这说明课外阅读坚持得很不好，因为时间和频率保证不了，效果肯定会差。

（3）词汇量问题：无论是在调查问卷还是访谈中，学生都反映了因为词汇问题影响课外阅读，10人（28.57%）认为词汇量小影响阅读效果。访谈中学生也提出阅读材料的词汇问题，有的同学希望通过做课外阅读提高词汇量。词汇的问题在一定程度上暴露了学生阅读策略的问题。

（4）课外阅读材料的选择：问卷显示，25人（71.43%）认为笔者发给他们的阅读材料不好，访谈中学生也对阅读材料提出了意见，不希望读到和教材类似的文章。同时他们也对阅读材料提出了建议，希望读到语言易懂、内容真实的材料。学生对课外阅读材料不满意，这是笔者没有想到的，这构成了改革的重点。

（5）评价方式：问卷和访谈中学生都提到老师检查不严，造成了他们没有认真坚持课外阅读。笔者要好好反思一下了，收阅读书、检查他们是否完成课外阅读篇目和课后习题的方式和批改读后感的方式，看来不能真正起到督促和帮助学生完成课外阅读的作用。

反思

以上调查结果在一定程度上验证了笔者的假设，但也提出了新的问题。首先，课外阅读材料不受学生欢迎是笔者没有想到的问题，所以要保证课外阅读的效果，教师要选择学生感兴趣的材料；其次，以词汇为主的阅读测略问题制约着课外阅读效果；另外，教师对课外阅读活动的监督和指导也影响着课外阅读的坚持。

确认问题

经过反思，笔者认为要解决课外阅读效果不好的问题，要从以下几方面入手：第一，要找到让学生感兴趣乐于阅读的材料；第二，阅读材料的词汇不会完全是课本上学过的词汇，那么学生阅读的时候肯定会有障碍，但是学生不能抱怨和放弃，要掌握一定的词汇策略；第三，为了保障课外阅读的顺利进行，教师要采取一定的监督评价措施。

文献综述

阅读的含义

关于什么是阅读，语言学家给出了许多的解释。国外学者 Nuttall 认为阅读是读者通过阅读最大限度地获得作者传递的信息。Grenet 认为阅读是一个持续不断的需要读者进行猜测的过程，读者明白作者没有直接书写的信息，而不仅仅是读出文句表面的含义。国内学者胡春洞、王才仁认为读者通过阅读可以和作者进行交流，一方面读者获得知识，另一方面也发展了智力、培养了情感。所以阅读也是一个高级神经系统的心理活动。朱曼殊，缪小春（1990）从心理语言学的角度认为阅读需要读者运用各学科的知识去理解一段完整的言语意义，而不仅仅是将一些字词的基本含义串联在一起，进行简单的拼凑。在语言学界，也是不同的人站在不同的角度有着不同的理解。《朗文现代英语词典》里对reading的解释是"the activity or skill of understanding written words"（对书面文字进行理解的活动或技巧），而理解是一个复杂的心理过程。从语言心理学角度，古德曼认为阅读是一场"猜测游戏"，是复杂的心理活动过程。

虽然对于阅读的解释各有千秋，但是这些语言学家都指出阅读是一个思维过程，在这个过程中读者和作者相互作用，读者需要首先理解文字、词语和句子的含义，还要根据文章语境，结合自己积累的知识经验等信息，进行一系列的推理、分析、预测和确认，从而捕捉到作者通过文字传递的内在信息。

网络阅读

网络可以存储、提取大量文件，更有难以用数量来形容的各种文本、图片，其中既包括系统教材，也有各种趣味文本与实用文本。这在一方面挑战了传统的教材为"本"的观点，另一方面也为学习者提供了大量的个性化选择。网络环境下的英语教学是通过多种媒体教学信息的收集、传输、处理和共享实现教学的教学模式。具体来说就是教师根据一定的教学目的和教学任务，利用网络环境中丰富的资源，引导学生自主学习，从而完成教学任务、达到教学目的的一种教学模式。它是在教师的组织和指导下以学生为主体，在教学过程中借助网络进行集中学习的一种教学方式。网络下的英语阅读教学模式是以学为中心，教师不直接向学生传授和灌输知识，而是帮助学生通过自由探索、合作学习及总结归纳来获取知识。

网络阅读是21世纪培养信息素养的一种阅读方式，是课堂阅读教学的延伸。它是多媒体网络教学的课外应用。多媒体网络教学是通过多种媒体教学信息的收集、传输、处理和共享来实现教学的教学模式。建立在网络基础上的多媒体系统，即多媒体网络系统，把多媒体技术与网络技术紧密结合起来，大大扩展了单机多媒体系统功能。它不仅具有各种媒体信息处理和人机交互功能，更重要的是，实现了网上多媒体信息资源共享。多媒体网络本身属于"媒体技术"范畴，但同时也是一种特殊的"媒体技术"。它运用于教学，通过各种教学信息资源的检索、设计、处理和传递，有利于教学过程和教学资源的设计、开发、利用和管理，促进"媒体技术"功能向"系统技术"目标转化，实现教学过程的最优化，它代表了多媒体教学应用的发展方向，在教学中具有广泛的应用。网络多媒体英语教学应遵循的基本原则有：（1）以学生为主体，教师为主导的教学关系；（2）具有个性化的学习特点；（3）以问题为中心，任务来驱动的学习方式；（4）协商合作、共同建构的学习过程；（5）具有创造性的学习成果。

网络阅读的语言学基础

语言学是一门研究语言规律的科学，主要研究一种语言与其他语言的关系，寻找语言的演变规律。语言学的研究随着人们认识的发展和社会的需要，形成了不同的语言学流派。每一学派对语言的本质、作用以及形成过程都有不同的理解和看法。本论文主要以认知语言学为理论基础。

乔姆斯基是认知语言心理学的主要代表之一，他提出了转换生成语言理论。他关于语言能力和语言表现、深层结构和表层结构两组概念改变了人们对语言本质的认识。根据乔姆斯基的理论，语言的本质在于它的转换生成性，语言学习的本质就是学习者在掌握一些基本的句法结构和语法结构之后，利用这些结构生成大量的语法句子。乔姆斯基的理论使得语言教学工作者认识到语言教学要更接近于现实交际，要强调语言的"输出"功能。这就为语言教学与计算机科学的结合奠定了基础。这种结合一方面可以使计算机向人的大脑领域进行延伸，另一方面使语言获得了新的表现形式，即口语有声语法、书面语文字记录之外的第三种形态——人机对话计算机语言形式，使得利用计算机网络进行英语阅读教学成为可能。

网络阅读的教育心理学基础

建构主义学习理论（Constructivism）

著名心理学家皮亚杰提出了建构主义学习理论（Constructivism Learning Theory），是认知学习理论的一个部分。皮亚杰认为，个体的认知发展与学习过程密切相关，它揭示了人类学习过程的认知规律，阐明学习如何发生，意义如何建构，概念如何形成等。学习是获取知识的过程，而知识不是通过教师传授得到的，而是学习者在一定的情景下，借助他人（教师和学习伙伴）的帮助，以及必要的学习资源如文字材料、音像资料、多媒体课件和互联网上的信息，通过意义建构的方式而获得。建构主义教学理论强调以学生为中心，强调知识和思维创新，强调交互式协作学习对意义建构的关键作用，强调利用多种资源支持学习。建构主义教学环境下的学习是基于资源的学习，而网络无疑是提供各种资源的巨型平台，如网上报刊、电子阅览室，数据库等，其信息量大、超文本，特别是交互性强的独特优势为学生进行自主学习和协作式探索提供了有利条件。

多元智力理论（Multiple Intelligence Theory）

著名教育学家加德纳提出了七种相对独立的智力存在：语言智力、逻辑或数学智力、音乐智力、空间智力、运动智力、人际智力和内省智力。多元智力理论为教师提供许多处理某一科目的不同方法、几种表征关键概念的模式以及学生能够展示理解的各种途径。运用多元智力理论领导教学的情景，有三种可选择的方式：一是利用各种资源来启发或培育某种特定的智力；二是以多元途径来增强某教学单元的内容和学习效果；三是配合上述两项综合应用多元途径，即加强智力的发展，也强化学习的内容。该理论强调教师应该从不同的角度去发现和了解学生的特长，并采取符合其特长的有效的教学方式和方法，创造有利于每个学生的学习环境，使他们的特长得到充分发挥，即达到加德纳所倡导的以个人为中心的教育目的。

行动研究

行动研究的概念

教学行动研究指教师对自己课堂中的教学现象进行考察、研究，并从中获得知识、改进教学的一种探索性活动。行动研究的概念最早出现在美国，由 Collier 创造，用于研究和解决少数民族问题。后来由社会心理学家 Kurt Lewin 进一步发展，用于社会心理学界；后又扩展到工业培训。其宗旨是"共同讨论""改进实践"。20 世纪 50 年代，美国哥伦比亚大学教育学院院长 Stephen Corey 正式将行动研究引入教育领域，并应用在课程、教学、管理等方面。他鼓励教师、校长和督学运用行动研究的方式来改进他们的管理和教学，其主要实践途径是教学行动研究。从多年的行动研究实践出发，阐述了行动研究课程的概念和对培养具有创新精神的研究型外语教师的效果和作用。它是一种学术研究方式。行动研究的问题大多源于教师对自己身边问题的关注，强调教师根据教学中遇到的实际问题，设计研究方案，尝试新的教学方法和策略，与同事交流心得，评估自身的教学效果，最终加以改进和完善。

行动研究的方法

Wallace 在《语言教师行动研究》一书中提出了行动研究的方法，

包括内省法（田野笔记、日志、期刊、日记、个人描述和言语汇报），观察法（质的观察和量的观察），评估和尝试，访谈和调查表，案例分析和实验。Mcniff 从实践中提出了对于行动研究模式的理解，制定了以下步骤：在教学中发现问题；设计解决方法；在教学中运用该方法；进行调查和收集数据进行评价；发现新的问题，为下一次的行动计划做准备。国内学者也提出了对行动研究方法的理解，张正东在《外语教育的研究方法》一文中非常简要和精辟地总结了行动研究的四个特点：一是研究的对象限于自己的学生或自己的活动，一般都是不挑选被试；二是研究内容主要是研究者在教学中或自身发展中所遇到的问题，一般都是比较具体的问题；三是研究者一般就是研究的设计者、实施者和评估者；四是研究方法主要属于内省/反思和准实验。笔者主要根据这些研究步骤展开本次研究。

行动研究的意义

Mcniff 认为行动研究最主要的意义在于它把教育看作是一个整体的实践过程，不是仅仅从社会学的角度或心理学的角度或哲学的角度来分析和解决问题，得出一般性的结论，而是把课程、教材、学习过程、学生需求和评价有机地结合在一起，从人的需求和发展出发，分析问题和解决问题，促进教育的改进和学生的发展。在当前外语教育课程改革的新时期，每个教师都面临着新的任务和新的挑战，面临着转变教学观念、发展新的技能和技巧的问题，而每位教师又都要面对现实的环境和条件，只有认真地反思我们的教育教学现状和我们的教学实践，大胆地向固有观念提出挑战，不断发现问题、分析问题、解决问题，教师才有可能有效地参与和促进教育改革，促进学生的全面发展，同时也使教师自己从中受到教育，发展职业判断能力、专业化能力以及终身学习的能力。近年来，随着教育事业的蓬勃发展，中学英语教师参与教育研究的积极性也随之高涨。新课程改革的提出与不断深入，使教师的自身发展面临着很大的挑战，一些传统的教育研究方法明显已经无法满足广大中学英语教师的需要。中学教师希望把新的教学理论与方法应用到教学中去，将研究与教学、理论与实践相结合。行动研究过程中，教师不仅是一名知识传授者，同时也是一名研究者，能够真正地将教学与研究结合起来。因此，中学英语教师参与行动研究是十分必要的。因此，笔者希望通过研究这种变革的方式来改进自己的教学实践。

网络阅读的实效性

人们越来越多地利用网络传递、加工、存贮与利用信息资源，而这些丰富多彩的网络资源较多是建立在英语语言平台上的，所以非常便于学生进行网络环境下的英语课外阅读。学生可以到网上进行自主性的阅读，一方面培养了阅读习惯，有利于英语能力的培养，另一方面在网络上可学习到最新最地道的语言，真正做到知识上的与时俱进，符合语言学习的规律。同时，大量的课外阅读使得语言复现频率增高，将会大大促进对课文内容的学习和掌握。对教师来说，挖掘网络资源，通过网络开发阅读资源，选择合适的阅读材料，可以充分利用网络泛读教学的优势，会使中学英语教学取得事半功倍的效果；同时也丰富了教师的教学方式，为英语教学提供一个新的方向。就学生而言，高中英语课程标准倡导学生自主学习，而网络为学生提供了这样一个平台。事实上，在阅读过程中学生也会碰到一些问题，但网络链接给学生提供了自主学习的机会，培养学生用网络获取有用信息的能力，培养学生的信息素养。目前网络阅读的研究主要集中在大学英语教学中，孔惠洁对基于网络的英语阅读教学进行过大量的实验研究，其研究模式具有可操作性和推广应用价值。其结果是：网络班的教学效果优于传统的阅读教学。其具体的优势在于：（1）网络学习具有开放性。（2）网络学习具有主动性、合作性及自觉性。（3）网络资源丰富。（4）网络能促进教法改革。张海峰、江帆曾对利用网络资源研究过英语专业阅读教学。他们认为网络辅助英语阅读教学不仅能有效调动并保持学生的学习动机，同时也能使学生的智慧技能、认知策略和人际关系得到全面发展。肖哲英曾探索利用网络资源开展成人课外英语阅读新途径。其研究结果证实：（1）利用网络资源开展讨论式的英语阅读教学有利于丰富学员的阅读图式。（2）该模式可以提供一个开放的英语阅读平台，使个性化的学习成为现实。（3）该模式可以为学生创造一种轻松的阅读及讨论环境。笔者希望在中学英语教学领域里也进行网络阅读的研究，旨在提高学生的阅读水平，同时也提高笔者的科研能力。

研究方案

研究问题

基于对学生课外阅读问题的总结，笔者提出了以下研究问题。
1. 英文网页是否适合学生的阅读？
主要从两方面分析：
（1）以学生现有的英语水平是否能够阅读英文网页？
（2）学生是否对英文网页感兴趣？
2. 英文网页是否能够提高学生的词汇量？
3. 学生是否能够通过阅读英文网页改进词汇策略？

研究对象

本次行动研究的研究对象是笔者所任教的北京一所重点中学高二年级的35名学生。他们是重点班的学生，其中男生5人，女生30人。本班学生重视教材内容的学习，对词汇课文知识点及语法知识比较重视，学习效果较好，但课外知识涉猎不多，英语课外阅读完成得不够理想。在10周的研究期间，这些同学参与了网络课外阅读活动。在本次研究中，他们积极配合笔者的工作。

研究的方法

笔者采用了定性研究和定量研究相结合，以定性研究为主的方法。正如本文之前所提到的，行动研究是针对教师教学中出现的具体问题进行研究，提出解决方法，进行实践，并不像传统的研究那样复杂，对数据的要求高，行动研究的可操作性很强，适合教师在不影响正常教学的情况下使用。笔者在教学中发现学生不重视课外阅读练习，于是决定以此为题，尝试采取行动研究的方法，实施"提出问题—分析问题—寻求对策—实施行动—效果反馈—调整"的行动研究，以笔者任教的高二（11）班同学为研究对象，研究他们的课外阅读问题。

数据收集的方法

笔者在本次行动研究中还采用了测试、问卷调查、对部分学生在不同阶段进行访谈、学生作业和教师日志等方法，使用 excel 和试卷评析系统分析测试结果。

测试：分为前测和后测，为阅读测试。前测和后测的试题分别是大学英语四级 2001 年和 1996 年的试题，因为题目难度相近，题目信度、效度较好。已参加测试的学生为重点高中实验班的学生，英语整体水平较高，高二上学期已经完成了大学英语快速阅读第二册的阅读，平均正确率达到了 70% 以上。大学英语四级测试题中的翻译、词汇与结构、写作部分超出了学生的学习范围，但阅读是能力测试题，学生可以使用。经过调查，参加测试的学生没有做过这两年的大学四级原题。前测在行动研究计划执行前进行，后测在行动研究计划执行后进行。通过对测试成绩的分析，对比学生在行动研究前后的阅读成绩、词汇量和词汇策略上的变化。

问卷调查：一共进行两次，行动前的调查是为了了解问题所在，行动后进行的调查是与行动前的调查进行对比，来了解本次行动研究的成效。

访谈：一共进行四次访谈，分别在行动研究方案制定前、初步制定行动研究后、行动研究方案实施后和行动研究方案实施后的阅读测试后。行动研究方案制定前与学生访谈，了解学生的阅读现状；初步制定行动研究后，为测试网络阅读的可行性与学生访谈；行动研究方案实施后与学生进行访谈，了解行动研究的效果；行动研究方案实施后的阅读测试后与不同成绩的同学进行访谈，以求发现测试成绩与网络阅读的关系。

学生作业：在行动过程中，每周给学生布置网络阅读的作业，包括阅读笔记和PPT课件，由学生通过网络发给老师。通过作业观察学生的阅读效果，以便教师随时掌握行动研究中需要改进的地方，了解行动方案的有效性，时刻调整行动计划。

教师日志：为了保证研究效果，教师根据学生每周课外阅读活动的反馈进行反思。

行动研究过程

制定行动措施

信息技术与其他学科教学的整合是近年来我国教育教学改革的新举措，它具有相对独立性，对培养学生主体性、创新精神和实践能力都有着重要意义。曾经有学者做过网络与教学结合的研究。1995年美国圣地亚哥州立大学的伯尼·道奇（Bernie Dodge）等人开发了一种叫作WebQuest的课程计划，这是一种以问题探究为中心（inquiry - oriented）、基于网络环境（Web - based）的调查及探究性学习活动。国内学者也纷纷开始了信息技术和学科教学的整合，王媛认为，利用因特网开展自主阅读活动效果最佳。因为学生手里的阅读材料一般都比较过时，而网上的信息都是最新的，所以学生有阅读的积极性和广泛的选择性。

在教师的正确指导下，可达到事半功倍的效果。特别是当学生学完一单元后，尤其是高中阶段，可以让学生到互联网查找并扩展阅读与课文相关内容，以此来巩固学生所学的内容，同时训练学生的阅读能力。王立非呼吁英语教师在互联网上获取教学资源，用计算机辅助现代外语教学，以提高教学效率和优化教学资源。王跃提出在互联网辅助外语教学的活动中，教师呈现给学生一个需要解决的问题或者一个需要完成的项目，为学生提供一些互联网资源，要求他们通过对信息的分析和综合来得出创造性的解决方案。这种课堂模式的推广，极大地促进了学生的自主学习性和探究意识，取得了良好的教学效果。在优化网络资源、提高英语阅读效率方面学者们也进行了一定的研究和实践，提出了如下措施：（1）利用网络信息的即时性，使学生关注的热点和阅读材料同步，提高学生参与阅读的训练的热情，使学生爱读、会读。（2）利用网络资源的广泛性，保证阅读量和满足学生阅读各种题材和体裁文章的需要。（3）利用网络资源的共享性，面向全体学生因材施教，使每个学生都得到发展。（4）利用网络和多媒体的结合，制作教学课件，优化教学手段，提高英语阅读效率。一些研究者的做法值得提倡，黄红阳充分利用网络资源的交本文件、图片及音视频文件同时制作并使用单元网络课件。陈泉利用网络引导学生对课文内容进行延伸性阅读，不仅拓展了阅读内容，也了解了异国文化，开阔了视野，他认为产生了在普通教室达不到的效果。基于学者们的这些研究和探索，笔者决定尝试让学生把英文网页作为阅读材料。

测试阅读材料

笔者所在学校的学生大部分住校，学习活动主要在学校进行。学校是市重点校，笔者这个班又是文科重点班，大多数学生在高二这个阶段就基本达到了课标七级的要求，"能读懂供高中学习阅读的英语原著改写本""能理解和欣赏一些浅显的经典英语诗歌"。而且，有一部分学生非常喜欢原版的英文歌曲、电影、诗歌。值得一提的是，每周一、周五，笔者都让学生做"duty report"，内容自选，口头介绍一个事物，对一个事物发表见解都可以。笔者发现，每个学生都完成得非常好，都用漂亮的PPT文件辅助他们的演讲。笔者经常在课件上发现课外词，学生能很流畅地读出来，也能用英语解释。学生的这种表现充分展现了他们的课外自主学习能力。他们告诉笔者，为了把这个作业做好，他们上网查大量的资料，为了避免翻译的麻烦，他们阅读的都是英文网页，虽然有生词，但他们用网上词典查，能理解大部分内容。学生的这个做法大大地启发了笔者。英文网页上的文章新、语言地道，正符合学生对阅读材料的要求。而且，笔者所在学校的网络发达，网络教室、电子阅览室很多，可以满足学生课外对网络的需求。学生电教课上也学到了如何使用网络获取信息，阅读英文网页客观上可以作为课外阅读的形式。

笔者计划让学生阅读网上的英文网页，但不知难度如何，因此特别安排了一次网络阅读课。有一篇课文涉及中国古代四大发明。在讲完课文后，笔者让学生到网络教室，让他们在网上寻找有关中国古代发明的英文文章，选出他们喜欢的发明，并做简短的介绍，包括名字、出处、发明人、外形等，并评价其内容，可以写一篇简短的文章，也可以做一个PPT文件。笔者是想看看学生阅读英文网页的情况。笔者在教室里一圈圈地走着，检查学生是否浏览中文网页，然后再进行翻译。同时也通过观察学生的表情，判断英文网页的难度和他们对这种学习方式的态度。笔者发现，学生们都很专注，能自如地运用搜索引擎和网上词典。有时他们也问笔者一些字词句的意思，但大部分时间学生们都是在单独学习。离下课还有2分钟的时候，笔者让学生把做好的作业发到笔者的邮箱。后来笔者查作业的时候发现，全班35人中，3人交上了非常好的PPT文件，内容很全，页数很多，有7~8页，页面上使用的是学生经过理解原文后的自己的语言，清楚地介绍了他们喜欢的发明。5人交的是Word文档，介绍得比较完整，文字比较正确，是理解原文后的自己的语言。11人的PPT文件没有做完，做出了没完成的标记。但从做出的3~4页内容中能看出他们试图改变原文的语言，有原文的痕迹，但语言基本通顺。5人交的Word文档内容较全，但文字上原文较多，自己改动较少。5人的PPT文件只有1~2页，大概介绍了他们喜欢的发明，但内容简单，都是名字、出处、发明人、外形等的描述，图片多，文字少，对功能、特点、评价等深层次信息表述不够。文字使用原文的多，自己加工的内容少。2人交的Word文档内容少，语言简单的是个人语言，长句子是原文摘抄。还有4人没交作业。针对这次网络阅读课，笔者找7名学生进行了访谈，包括4个没有交作业的学生，1个作业做得很好的学生，1个作业中网络上的原文引用较多的学生，1个对网络上的文字改写较多的同学。没交作业的学生中有3个觉得文章太难，理解不了，做不了作业。还有1个学生忙于找有关发明的文章，把时间都用在通过阅读文章寻找"个人喜欢的发明"了，一节课很快就过去了，没时间完成作业了。笔者在课堂上进行了统计，全班35名学生中有15个同学反映课堂时间太少，网上的文章有难度，读懂了文章就够费时间的了，再做作业就没时间了。他们觉得时间短，没时间仔细加工语言。其实笔者在这节网络阅读课上留写的作业是想通过检查语言输出的情况看输入的情况。作业完成情况不是主要的，笔者是想看看学生对这类英文网页的理解情况。学生这次阅读的网页文字以说明为主，词汇也有一些专业词汇，在理解上有一定的难度，如果大部分学生能够设法读下来且理解大意，那网上的英文网页的内容学生应该能理解大部分。访谈中，大部分学生表示借助网上的词典和图片信息，他们能理解60%~70%的内容。从态度上来说，学生对网上阅读英文网页表示认可，希望继续进行这样的练习。

以下是访谈记录及分析。

表14 访谈记录及分析

关键语汇（出现频次）	上位概念	概念类属	对数据中意义的解读
问题：网页的文字是不是很难？ 差1：网络上的文字太难，根本看不懂，就不想看了。只找了些图片，但不会描述。 差2：文字难，文章题目都看不懂，而且我对发明不感兴趣，更看不懂了。 差3：网上的文字和课本上不一样，好像一点儿也读不懂。 差4：网上能看的网页太多了，这个网也看一会儿，那个看一会儿，时间很快就过去了。作业还没想呢，就下课了。 中1：平时我做PPT要一个周末的时间，现在只给一节课，时间太少了，不够用。 中2：网上的东西很多句子看不懂，但大意能明白，但做作业需要很多单词，不知道上面哪个单词有用。 中1：网上文章的文字很好，我可想不到这些词来描述我找的这个发明，就把一些好词给抄下来了。 好1：我做口头报告时做过这种PPT，在挑了一个话题后Google一下好多网页就出来了，找一个语言我大概能懂的网页，仔细读几遍，就能做作业了。 好1：我喜欢看英文电影，在网上经常看，也看过英语新闻，我喜欢这种课，当然不觉得难了。	对阅读材料的喜好	阅读材料	英语基础较差的学生词汇量小，而且对网络上真实的语言不熟悉，学习能力较差，这一定程度上反映出现行英语教材语言不够真实的问题。 背景知识对阅读的理解非常重要，所以网页内容一定要贴近学生的生活学习经历，才能培养学生兴趣。 网络阅读的成效一定程度上和学生的自主学习能力相关，这也是教师要帮助学生形成的能力。 词汇是影响学生理解网页的一个障碍，学会处理生词也是学生学习策略上的目标。 如何通过网络学习词汇，提高写作中的词汇运用也是教师要反思的问题。 学习基础好，在英语学习上自主能力强的学生很快适应了网页阅读。

差——四个没有交作业的学生

中1——作业中网络上的原文引用较多的学生

中 2——对网络上的文字改写较多的同学

好——作业做得很好的学生

经过观察作业和访谈，笔者初步认定阅读英文网页可以作为课外阅读的形式，但要注意网页的选择和学习策略的培养及有效的监督。

制定行动方案

验证了阅读材料的可行性后，笔者指导学生开始了为期 10 周的网上阅读活动。阅读时间为周二、周四下午的两节自习课，其他时间每天学生自己到学校的电子阅览室进行课外阅读。网上的内容千千万万，英文网页也很多，为了让学生学到地道准确的英语语言，笔者为学生介绍了几个英美国家的常用网址，并规定他们只许阅读英美国家的网页。为了让内容更集中，同时也便于英语阅读策略的指导，笔者每周规定了学生网上阅读的内容和阅读的主要网页。因为一些研究者发现，影响学生阅读能力提高的一个因素是背景知识，缺乏必要的背景知识会造成阅读理解的困难和误解。为了给学生提供一定的背景知识，笔者充分利用教授教材每单元阅读课文的机会，补充与课文话题相关的背景知识。在本次行动研究中，学生阅读的都是跟平时的英语教材每单元话题相关的内容。

表 15　行动方案

时间	内容	主要网页	任务	阅读策略
第一周	英语新闻阅读	www.usatoday.com http://www.reuters.com www.bbc.co.uk http://www.nytimes.com www.timesonline.co.uk www.cnn.com www.express.co.uk/ http://www.voanews.com/english/news/	任意介绍一则新闻	篇章结构

续表

时间	内容	主要网页	任务	阅读策略
第二周	英语新闻阅读	www. usatoday. com www. express. co. uk/ http：//www. reuters. com www. bbc. co. uk http：//www. nytimes. com www. timesonline. co. uk www. cnn. com http：//www. voanews. com/english/news/	介绍一则体育或娱乐新闻	篇章结构
第三周	残疾人的生活	www. familyvillage. wisc. edu/ http：//www. worldhistory. com/ http：//www. nationalgeographic. com	介绍一个为残疾人服务的组织或扶助措施	主旨大意
第四周	为弱势群体献爱心	http：//www. giftsonline. com http：//www. freegifts. com	你认为网站中最有价值的礼品	信息匹配
第五周	日本海啸和核电站爆炸	www. usatoday. com www. express. co. uk/ http：//www. reuters. com www. bbc. co. uk http：//www. nytimes. com www. timesonline. co. uk www. cnn. com	最震撼的一幅图及描述	词汇处理
第六周	Cusco的旅游景点	http：//www. geographia. com/peru/ http：//www. aboutcusco. com/ http：//wikitravel. org/en/Cuzco http：//www. cuscoperu. com/en. html	介绍 Cusco 旅游景点	查找主要信息
第七周	美国	http：//www. aol. com/ www. usatoday. com www. cnn. com http：//www. hollywood. com/ http：//www. time. com/time/ http：//www. nba. com/home/index. html http：//www. nba. com/home/index. html http：//www. centralpark. com/？	介绍美国的某一方面内容	概括主要信息

续表

时间	内容	主要网页	任务	阅读策略
第八周	美国	http://www.aol.com/ www.usatoday.com www.cnn.com http://www.hollywood.com/ http://www.time.com/time/ http://www.nba.com/home/index.html http://www.nba.com/home/index.html http://www.centralpark.com/?	介绍美国的某一方面内容	概括主要信息
第九周	考古	http://history-world.org/ http://www.britishmuseum.org/ http://www.movingimage.us/ www.stonehenge.co.uk/	摘抄一段古董和历史遗迹的文字,并大声朗读。	词汇处理
第十周	克隆	有关人们对克隆不同观点的网页如http://library.thinkquest.org/03oct/01881/debates.htm	你认为最有说服力的有关克隆的观点	词汇处理

实施行动方案

第一周

学生主要是做网上阅读的尝试,没有对作业做出规定。笔者把学生浏览的网页用投影显示到大屏幕上,简单地介绍了要求后,学生一人一机,浏览网页。笔者在教师里观察,同时也监督学生,禁止他们上网聊天、玩游戏或者看电影,这样才能保证学生的阅读效果。教师通过观察,发现很多学生对浏览网页很感兴趣,没有出现违反规定的情况。虽然原计划要求学生交阅读的新闻介绍,但学生反映困难很大。为了不打击学生阅读的积极性,教师取消了对作业的要求,让学生以体验网上阅读为主。在临近下课的时候,教师让几个英语好的同学口头介绍了他们感兴趣的新闻大意，为其他同学做了示范，同时也鼓励更多的同学明确阅读目的。

反思：在教师观察学生的过程中不断有学生向教师提问，主要是问一些单词和句子的意思，还有一些学生看不懂文章，在笔者的讲解下逐渐懂了大意。其实他们并不是单词的问题，而是不知道新闻报道类文章该如何处理。而事实上学生应该学会理解不同功能、文体的文章。胡壮麟认为要让学生尽可能多地从不同渠道，以不同形式接触、学习和使用好英语。任何一个语言使用者都属于某个特定的言语社团。新闻的时效性、新颖性为英语学习者开辟了一个了解各国社会文化的窗口。背景知识、风土人情、文化习俗是提高英语阅读效率的非语言制约因素。基于这个理念，针对学生的困难，笔者决定在下一周的阅读时给学生讲解英语新闻的阅读方法。

第二周

本周仍然是阅读新闻，因为有了上周的经验，学生搜索文章的能力有了提高。针对第一周出现的问题，笔者首先发了一份学案，讲解新闻英语的阅读方法，让学生关注标题、新闻梗概、特殊内容和评论性语言。为了让阅读更有针对性，笔者布置了阅读体育新闻和娱乐新闻的要求。学生可以在笔者提供的网站上阅读文章，也可以利用关键字搜索，找到自己感兴趣的文章。关于作业，为了便于学生关注所读文章的大意，笔者给学生列出了概括所读新闻的提纲：学生可以用 Word 文档完成，然后发到笔者的邮箱。

Headline：

_____

Main idea：

_____

Details：

_____

182

在这个提纲的指导下，学生们的作业就有了具体的内容。下面是一份典型的作业。

Headline：

Kabul under attack: Taliban target U. N., Luxury Hotel

Main idea：

U. N. Guest House Hit with Bombs, Gunfire; Rocket Blasts at Hotel Where ABC Crew Is Based

Details：

（1）Oct. 28, 2009 in Kabul, two hotels considered safe were proved to be very dangerous.

（2）An attack happened shortly after 5 am inside a United Nations' Bakhtar guest house.

（3）After the suicide bomb attacks, a firefight with gunmen took place; four guards were killed in the fight.

反思：全班35人全部交上了作业，虽然水平参差不齐，但学生们不同程度地得到了训练。笔者引导学生关注文章大意，不用把所有单词句子都看明白了，尤其是一些大写的专有名词，有的跟文章背景有关，根本不用全部理解。从学生的作业看，学生们都理解了新闻文章的要点，说明笔者讲解如何阅读新闻类文章是很必要的。教师还要承担起到导航员的责任，认真引导学生了解和熟悉从哪里获取、如何获取和怎样利用和评价各种信息。

第三周

本周阅读的是跟残疾人有关的网页，学生课本上本周的内容就是"如何关心残疾人"。词汇上有储备，遇到生词可以根据构词法和语境进行猜测，所以在阅读中笔者重点讲解了如何根据语境猜测词义，并在相关网页做了针对性练习，所以对书面作业没有要求。笔者让学生摘抄了一些与课文相关的课外词汇，作为课内学习的一个延伸。

反思：本周主要侧重对阅读中词汇的处理。众所周知，词汇要通过使用而学会，让学生阅读与教材话题一致的文章，可以增加词汇的复现率，帮助学生复习词汇，同时学生通过阅读有背景知识的文章，也可以培养猜测词义的能力。高中英语课程标准的第六级和第九级都有相关描述，所以根据上下文猜测词义和不熟悉的语言现象是高中生必须掌握的一项词汇策略。

第四周

本周阅读的主题是帮助弱势群体，与上周内容有相近之处，所以学生感觉难度不大，而且这次的几个网页，教材中都提到了，学生看到课文中的网页竟然是真的，而且还有那么多丰富的图片和介绍，而且课本上的一些词汇也出现了，感到很兴奋。这种兴奋激发了他们的学习兴趣，讨论的时候非常积极，超出了笔者原来设定的时间，但气氛很好。于是笔者临时决定把书面作业改成口头作业，让他们继续讨论，但要有提纲，内容如下：

list the top five most worthwhile gifts and give your reasons respectively.

学生们积极地讨论着，最后全班汇报的那几个同学表现得非常好，语言流畅，内容丰富，说了很长的一段话。

反思：学生对所读内容感兴趣，这是很好的机会。因为有兴趣，学生会对所读内容进行更深一步的挖掘，理解得就会更透彻。而且学生就所读内容进行讨论，也是输入信息的内化过程，更有利于理解和输出。挖掘材料内涵的拓展话题既是课文与社会的密切连接点，又是文化传播的最佳时机，因此兼备信息技能和人文素养特征。当前，要求课堂教学融入心理、社会现实内容的呼声越来越高涨，语言不再被看作是简单的输入，而是视作参与社会活动的源泉，参加活动既是学习的过程，也是学习的结果。

第五周

本周学生阅读关于日本海啸和核爆炸的网页，因为这是个热点，而通过阅读学生可以了解更多的内容，这也是通过学习语言与社会密切连接。学生们对这些网页很感兴趣，认真地读着。在观察学生的过程中，笔者发现学生感觉生词较多，有的缺乏情景支持，很不好猜测。于是我给学生介绍了几个网上词典，如www.youdao.net 等，让学生边查词典边阅读，这样就可以读懂大量的内容了。这次笔者规定了书面作业，因为受词汇和背景知识所限，有的内容口头不好表达，查词典耽误了一些时间，所以我没有强求学生必须要交上作业。但有个同学还是交上了很好的 PPT 作业，这个同学的作业里出现了一些课外词汇，而且应用正确。

反思：笔者希望通过让学生阅读与生活相关的文章了解时事，增强社会感。本以为有背景知识的文章应该容易理解，但忽视了海啸和核爆炸离学生生活较远这个事实，所以学生在浏览网页时出现了生词较多的问题。教学目标应该与学生的学习环境中的目标相符合，教师确定的问题应该使学生感到就是他们本人的问题。

第六周

本周课本上的内容是关于南美 Cusco 的几篇文章，为了拓展课文阅读，增加词汇的复现率，笔者让学生浏览了关于 Cusco 和南美几个国家及地区的网页。作业是介绍他们感兴趣的一个地区，内容要包括图片和文字说明。关于旅游的文字不难，而且有课文背景，所以学生读起来不难。大部分同学都交了作业，但反映的问题是图片多、文字少，笔者发现不太好分析学生阅读的效果，于是对学生有些抱怨，觉得他们浪费了很好的阅读材料。

反思：从作业能看得出学生对这些网页很感兴趣，因为图片都很吸引人。本周阅读内容吸引学生，这对阅读来说是很必要的，因为阅读兴趣是理解的前提。教师应对学生活动做出积极评价，这是符合社会建构主义理念的，学生的英语阅读理解能力是在自身的实践中逐步养成的，而不是教师灌输的。英语阅读理解能力要靠一种悟性，这种悟性的形成绝对是学生自己领会、思考和亲身体验的结果。

第七周

本周阅读的是跟美国有关的网页,这跟教材这一单元的主题是一致的。学生对这个主题比较熟悉,而且有的同学去过美国,了解一些背景知识,所以他们很感兴趣。为了引导学生关注除了首都和名胜古迹以外的更多内容,笔者给学生举了下面的例子,让他们阅读关于美国的更多的内容。而且,笔者还指出在做 PPT 时要注意图片和文字的结合,除了要展示图片外,还应有文字说明,尽量把网页上的文字加以概括和改写,再呈现在 PPT 上。

反思:通过把网页上的文字加以概括和改写,学生能够对提取的信息进行加工,巩固阅读的效果。高中英语课程标准中要求学生具有提炼和归纳信息的能力。在这种指导下,学生交上来的作业里文字多了,练习了对网页上的文字整理和加工。

第八周

本周继续介绍美国。笔者发现学生对这一话题很感兴趣,有的学生提出想继续阅读这方面的内容。学习兴趣对学习效果非常重要,笔者就按着学生的想法让他们继续阅读了这些网页,而且学生的作业完成得也很好。

反思:把网页上的文字加以概括和改写,介绍一个内容,再呈现在 PPT 上,这其实是语言学习的任务。Nunan 把"任务"分成两种类型:真实性的交际任务和教学型/学习型的交际任务。后者指学习语言知识的活动,即为教学而设计的活动,虽然学习者在外部世界不大可能碰到这些活动,但任务的实施能促进语言学习。项目式教学要求教学活动有利于学生学习语言知识、发展语言技能,从而提高语言实际运用能力,倡导以语言运用能力为目的的语言知识教学等。笔者希望让学生完成任务,达到内化输入语言的目的。

第九周

本周教材上的内容是关于克隆的几篇文章。教材中提到了人们对克隆的不同看法。笔者让学生阅读一些跟克隆有关的网页，看看人们对这一科技进步还有哪些看法。布置的作业是找到最感兴趣的关于克隆的观点，并且摘抄下来，整理成自己的语言。

反思：学生反映除了笔者提供的几个网页外，相关网页很少，文章不好找，而且文字较难。于是笔者让学生们把找到的网页进行交流，让大家看到更多的网页。这个话题虽然是教材里出现过的，但还是离学生生活较远，而且一些关于伦理道德的讨论学生理解不了，在中文语境下理解都有难度，所以阅读英文网页时学生困难很大。

第十周

本周教材的内容是考古，学生对课文兴趣不大。网络阅读课一开始，笔者为学生放了一段录像，内容是一个年轻的考古学家的经历，学生很感兴趣，因为看到了一些非常古老的文物，而且语言也很地道。为了让学生阅读感兴趣的文章，我让学生阅读了大英博物馆和中国美术馆的网页，尽量使阅读的材料接近学生生活，降低阅读难度，培养兴趣。

反思：培养兴趣是关键。一些研究者的实验结果表明，学习中眼、耳感知知识的比例最大，多种感官并用，学习记忆率提高。现代教学手段把形、声、光相结合，能够调动各种感官来感知知识，从而加深了对教学内容的理解和巩固，易于激发学生的学习兴趣和内在学习动机。现代教学手段能使学生的感官功能都发挥出来，容易引起学生的兴趣，这也是网络阅读的优势。

结果和分析

前测后测对比

实施行动研究前后，笔者分别让学生做了一次阅读测试，试题为1996和2001年大学英语四级考试阅读部分。两次阅读的字数分别为1976和2096，四篇文章，20个小题，每个小题1分，总成绩为20分。

测试时间为 40 分钟。

两次的成绩对比如下。

从两次测试的平均分上来看，差别不大，分别是 14.23 和 15.14，因为两次测试的间隔只有 10 周，全班学生整体阅读水平在成绩上变化不大，但从个人来讲，23 个学生的成绩进步了，占总人数的 65.71%，成绩没有变化和退步的分别占 17.14%。

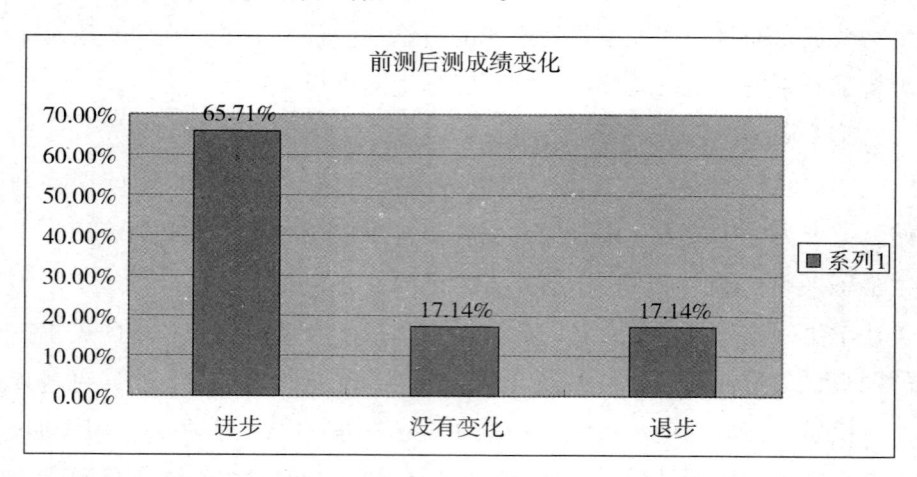

图 25　前测后测成绩变化

后测试反映出学生在词汇量、阅读的词汇处理和长句理解方面都有进步。在前测中，学生正确率低的题目为第 6 题（正答率为 22.22%），第 8 题（正答率为 27.78%）和第 12 题（正答率为 30.56%），这三个题目的题干和文章相关内容的生词都较多，学生根本读不懂，所以正答率很低。但事实上有的生词不需要查字典，可以根据语境和构词法猜出大致含义，不影响对文章的阅读，而学生那时词汇量只限于教材中的课标词汇，词汇策略中的猜测词义能力较差，所以这三个与词汇相关的题目正答率低。

表 16　前测正答率（部分）

题号	平均分	得分率	满分率	零分率	难度	选 A 率 %	选 B 率 %	选 C 率 %	选 D 率 %
单选 6	0.2	22.22	22.22	77.78	0.26	19.44	22.22	13.89	44.44
单选 8	0.3	27.78	27.78	72.22	0.47	41.67	27.78	5.56	25
单选 12	0.3	30.56	30.56	69.44	0.46	50	30.56	19.44	

而在后测中，第 2 题和第 3 题学生的正确率很高，达到了 100% 和 94.29%，两道题都和文章的这部分有关："Since being close to another person signals the possibility of interaction. You need to emit a signal telling others you want to be left alone. So you cut off eye contact, what sociologist Erving Goffman (1963) calls 'a dimming of the lights'"。这句话中 "signals" 是名词活用为动词，学生在教材里并没有学到这一用法，但大部分学生都做出了正确的理解，说明在词义猜测上有进步。而且第 3 题的题目选项 C 中 "ceasing" 的原词 "cease" 学生并没有学过，但大部分人都选对了，因为很多人反映这是个网络新闻中常见的单词。

表 17　后测正答率（部分）

题号	平均分	得分率	满分率	零分率	难度	选 A 率 %	选 B 率 %	选 C 率 %	选 D 率 %
单选 1	0.8	80	80	20	0.8	80			20
单选 2	1	100	100	0	1		100		
单选 3	0.9	94.29	94.29	5.72	0.94		2.86	2.86	94.29

调查问卷

为了检验他们英语阅读方面的变化，为期 10 周的行动研究结束后笔者又做了一个调查问卷。结果显示网络阅读中学生最大的收获是词汇。学生的词汇量增长了，根据上下文词义猜测能力增强了。以下是其中的一些结果。针对"你认为要学好英语是否有必要进行课外阅读？"

这一问题，在参加问卷的 35 名同学中，33 人选择了是，占总人数的 94.29%。对"你认为英语课外阅读对你的英语学习是否有帮助？"一问的回答结果如下：

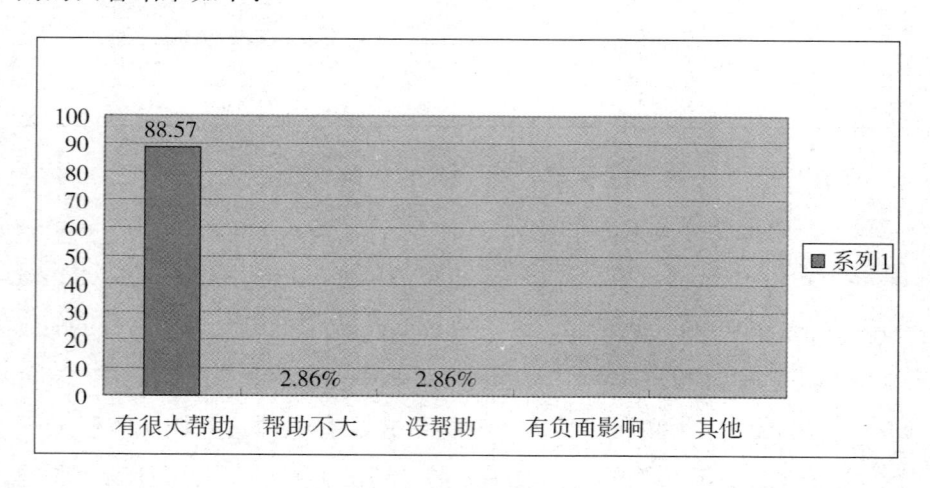

图 26　网络阅读对你的影响

31 人选择 A，占总人数的 88.57%。这两道题的答复说明学生已经认识到课外阅读的重要性。

针对网上阅读材料的优点这一项，学生的反馈如下：

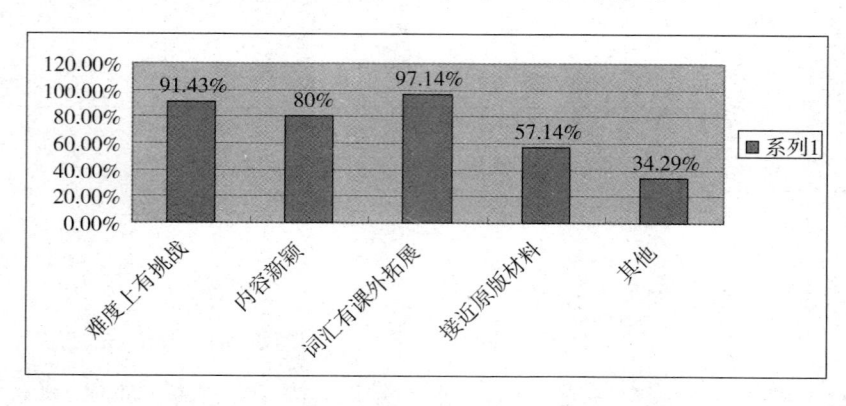

图 27　你认为网上阅读材料的优点是

97.14%的学生选 C，认为词汇有拓展；91.43%的人认为内容新颖；80%的人认为阅读材料接近原版材料。说明学生对网络阅读的材料满意，这和之前他们对练习册式的阅读材料很反感形成了对照，证明网络阅读符合学生的需要，是适合学生阅读的材料。

"你平均每天英语课外阅读的时间是多少？"74%的学生每天有一小时以内的阅读时间，22.86%的学生有一至两个小时的阅读时间。说明这段时间的阅读习惯很好，网上阅读激发了学生的阅读兴趣。另外也反映了这样一个事实：这段时间有老师监控，而且在学校内完成，所以阅读习惯很好。

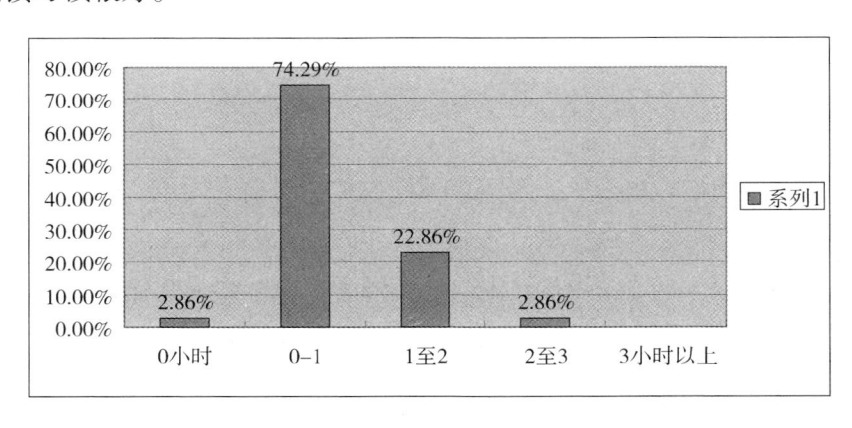

图28　每天英语阅读时间

"你认为做完本次网络阅读完后最大的收获是：（可多选，请在选项后举例）"这一题的结果如图29所示：

在这一问题中，34人选择了A，并在后面给出了例子，包括专业词汇（bioethicist），课标外词汇（如 innovator, penalty, endorse）和缩略词等。一个同学写道，"出现次数多的词都记住了。"虽然这是个别学生，也无法检测，但也能够反映出网络阅读后学生最大的收获是词汇。

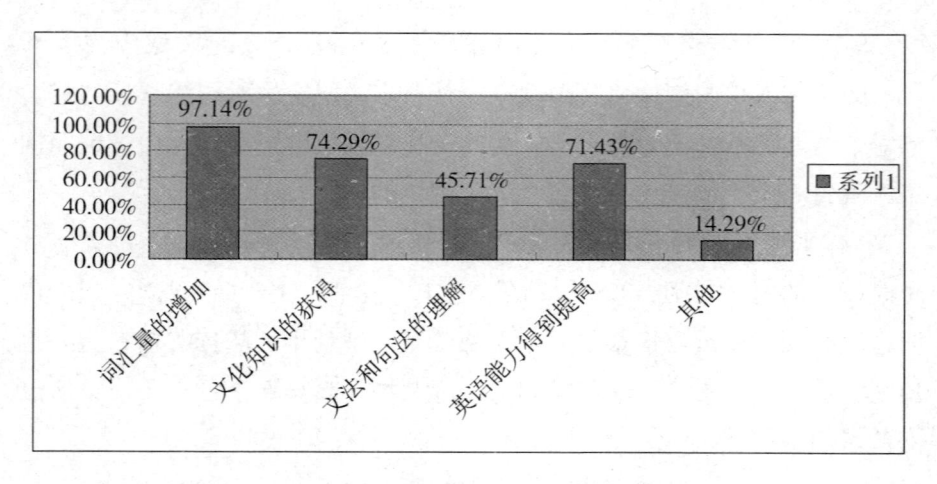

图29　本次网络英语阅读的收获

访谈分析

阅读后测结果出来后，笔者与不同成绩的同学进行了访谈，以发现测试成绩与网络阅读的关系。参加访谈的有10名同学，包括5名成绩进步的同学和5名成绩没变化或退步的同学，根据成绩变化分成两次进行，地点是在教师休息室，时间是晚自习前的休息时间。结果显示：成绩有进步的学生反映词汇量增加，阅读信心增强，主要体现在阅读速度明显加快，对文章理解得比以前要透彻，遇到生词不再慌张，而是通过上下文猜测词义，而有些不影响理解的生词干脆略过；长句子看大意，找主干。但有的同学担心回到家里后不能坚持这种网络英语阅读。成绩没有变化和退步的同学反映生词虽然少了，但长句子还是看不懂，所以阅读理解能力提高不大；有的同学觉得网上的文章太难，生词太多，能够理解得太少，所以感觉收获不大。

以下是访谈记录及分析。

表18　访谈分析（一）

关键语汇（出现频次）	上位概念	概念类属	对数据中意义的解读
问题：网页的文字是不是很难？ 成绩有提高的同学 好1：没那么难了，感觉大意能看懂，对的就多了。 好2：还是有一部分单词看不懂，但是一边蒙一边做也对了不少。 好3：最近看网上的文章也是蒙着看，所以不觉得看这种有生词的文章生疏了。 好4：有些句子看不懂，但不认识的单词少了，再说不用每个单词都认识，也能猜出大意。 好5：做得比以前快了，不紧张了，对的就多了。 成绩没变化或下降的同学 差1：上次也没觉得难，这次差不多，就是生词少了，读得更明白了，但错的还是一样多。 差2：还是很多词不认识，有些词见过，但记不住了，还是读不懂。 差3：两次理解的差不多，所以觉得没有进步，还多错了一个。 差4：上回也是蒙的，比这次运气好。 差5：不认识的词少了，但是长句子还是读不懂啊。	阅读测试结果	阅读能力的变化	通过网络课外阅读学生的词汇量提高了，阅读障碍减少了。 词汇猜测能力增强，掌握了一定的词汇学习策略。 阅读速度增加了，感觉阅读材料的难度下降了，其实是自信心增强了。 词汇量有增加，但阅读理解的能力没有变化，说明知识上有进步，但能力上变化不显著。 "有些词见过，但记不住了"说明通过网络学到的词汇掌握得不扎实。 学生的学习积极性不高，自主学习能力差。

表19 访谈分析（二）

关键语汇（出现频次）	上位概念	概念类属	对数据中意义的解读
问题：谈谈你对网络阅读的看法。 好1：开始几次不知道看什么，因为都太难了，后来找了些运动的网站，好像好点了。 好2：图片和文字结合的方式挺好的，能学到一些课外词。 好3：网上的文字和课本上真不一样，现在好多了。 好4：我有英语博客，用英语写东西比汉语更自由。 好5：读原版的材料挺好的，我觉得比课文有意思多了。 中1：我喜欢设计得好看的网页，这样的阅读我喜欢。 中2：我有时在家里也看英文网站，看新闻，看懂的比以前多了。 中3：长句子我不再害怕了，找到主干或者挑动词。 中4：觉得每次的作业都不太好做，太花时间了，如果不做作业，可能能多读一会儿网页。 中5：这段时间看外语的时间很长，高三就不一定有这么长时间了。 差1：核辐射的那些网页太难了，不认识的词太多了，看看图还行。 差2：现在在学校坚持得挺好的，像上课一样，每个人都在看网页，可是回到家不知道行不行，也许坚持不了。但在学校还行。 差3：和平时在课本上做题差得太远了，都不知道哪个语言是对的。 差4：网上的文章太难了，和我的水平相差太远，我觉得还是做适合我的水平的阅读好。 差5：用那么多的时间去读网上的文章，也没有题，不知道有些句子是不是理解对了。	对网络阅读的态度	阅读能力	英语成绩好的同学基础好，适应性强，比较容易适应教材语言和网络真实语言的差异。 成绩好的同学有过网络学习英语的经历，更容易接受网络阅读。 成绩中等的学生在语言处理上有收获，英语的学习积极性有提高，有借助网络自主学习英语的意识了，较容易接受网络阅读。 基础比较差的学生感觉网页阅读太难，收获不大。词汇量小和词汇策略缺乏是这些学生的主要障碍。

　　10周的行动研究结束后，笔者与15名学生分别进行了访谈以了解行动研究的效果。这些学生中好、中、差各占5名。大部分同学反映网络语言很新很地道，比教材上的语言吸引人，所以愿意阅读。有的同学

认为网上的文章生词多，但有的不用查字典，可以猜测，而且生词出现率高了，自然而然就记住了；有的同学喜欢网络上图文并茂的表现形式，能够提高阅读的理解力和趣味性；有的同学还在网上开了英语博客，用英文写文章。但也有同学觉得网上的文章太难，和课本上的差异太大，不适合经常阅读；有的文字过难，大大超出了他们的水平，所以无法与平时的学习相互平衡，所以没有进步。访谈中也反映出自主能力强的学生对网络阅读持肯定态度，对教师依赖性强的学生网络阅读对其影响不大。

反思

经过为期10周的行动研究，通过观察课内阅读和课外阅读学生的表现和研究学生交的完成阅读任务的作业，笔者发现学生对课外阅读的兴趣有所提高，尤其是课内阅读时间，学生的专注程度和期待指数很高，阅读作业的数量和质量日益提高。阅读英文网页这种方式使学生对阅读产生了兴趣。课余学生抽时间到电子阅览室继续浏览课内阅读没有看够的网页，周末回家上网玩游戏的时间减少了，学生在家里也看英文网页了。而且，学生在阅读过程中更多的是关注内容，真的像问卷中所表达的"获取外国新闻中的信息"，语言就变成了一种工具，学语言的目的在一定程度上达到了。在访谈中同学认为词汇有难度，但知道作为课外阅读看懂大意就行了，说明阅读策略有提高。几乎没有学生再对阅读材料提出异议，说明他们还是认可网页阅读的，但学生提到的几个问题确实值得笔者反思，其实在每周的日志里笔者也发现了一些问题，并在行动中做了适当调整。

首先，确定阅读任务。有的学生反映阅读任务有些难了，这在笔者上的那节"中国古代文明"的网络实验课上就有所体现，交不了作业的学生就是因为阅读文章和完成作业都有困难。但笔者当时的想法是那节课只有40分钟，而之后的行动研究中每周有两节课的网络阅读时间，学生应该有足够的时间完成阅读任务。在前几周的作业中，笔者也发现了这个问题，有的学生作业内容较少，但总体趋势是学生作业的内容越来越多，说明学生的阅读速度和阅读量在增加。笔者感觉学生是慢慢适应了，但还是有学生反映有的文章过难，理解文章已经很不容易，再做作业就更难了。于是笔者在最后两周的任务里就做了调整，不让学生做总结概括性的练习了，改做摘抄性作业，学生的压力减少，阅读的积极性就提高了。

其次，网页内容问题。在这 10 周的行动研究过程中，笔者为学生选择的都是与学生相关的网页。一方面引导学生根据已知内容推测未知内容，培养了词汇猜测能力和阅读的推测能力；另一方面也培养了学生的阅读兴趣。但这种做法也限制了学生自由选择阅读内容的机会，限制了学生的思维和自主学习能力的发展。

再者，教师的监督和评价比较有效。学生的阅读兴趣提高，阅读效果比较明显，但这很大程度上归功于每周两次的全班性网络阅读和上交阅读作业的要求。

结论与反思

结论

此次行动研究历时 10 周，经过总结与分析，根据笔者提出的研究问题，可得出以下结论。

1. 英文网页是适合学生的阅读材料。主要从两方面分析：（1）以大部分中等和基础较好学生现有的英语水平，能够阅读有生活或学习背景知识的英文网页。（2）大部分中等和基础较好学生对英文网页感兴趣，乐于阅读，并希望坚持下去。

2. 行动研究后的阅读测试结果、调查问卷的数据和访谈分析说明大部分学生能够通过阅读英文网页提高词汇量，能够根据上下文猜测词义。

阅读测试和访谈都显示网络阅读使学生的词汇量增加,词义猜测的能力增强,是符合学生能力的阅读材料。对于中等生和基础很好的学生来说,网络阅读有着内容新、语言真实的优点,对于有一定自主学习能力的学生来说,是一种有效的学习方式。它有以下优点:首先,多媒体网络教学的学习形式可以给学生带来极大的乐趣。学生是带着极大兴趣来获取知识的,在这种情况下所学的知识易于接受。这种学习是学生自愿去学,自主去学,而不是被动地学习,因而也提高了学生学习的自觉性和自主性,也为学生学会终身学习奠定了坚实的基础。其次,通过网络教学模式,为学生提供了一个协作学习的环境。相互交流所获取的网络信息和浏览相互介绍的网页有利于合作学习。现代教育观念认为,未来的人才素质应具有合作精神。因此,网络合作学习是适应素质教育的重要环节。再者,网络阅读为学生营造了一个良好的学习环境。在社会高度信息化的今天,适时为学生提供一个应用现代信息技术的机会,培养学生现代技术的应用意识和应用能力,让他们掌握利用信息技术获取信息资源的方法,能够达到提高课堂教学质量、培养学生综合素质的目的。但对于学习基础较差的学生来说,英文网页中庞大的词汇、灵活的表达、真实的语言,都给他们设立了层层障碍,使他们无法理解,从而不能学到更多的词汇和表达。Nuttall 认为材料中有太多不熟悉的单词,那读者的阅读技能是无法提高的。所以对一些基础差、词汇量少的学生来说,网页阅读收获不大。但参加本次行动研究的学生为重点班学生,大部分学生学习基础较好,能够完成网页阅读的任务,并取得了一定的收获。

研究局限

此次行动研究笔者有以下收获。首先,通过此次行动研究,笔者找出了自己在辅导学生课外阅读中的问题,找到了一些应对措施,为进一步研究英语阅读打开了局面。同时也认识到，培养和提高学生英语课外阅读能力是一种长期细致的工作，教师要找到适合学生的阅读材料，根据学生的情况制定相应的阅读任务，教授必要的阅读策略，并运用各种办法鼓励监督，敦促其完成课外阅读计划。其次，通过此次研究，笔者切实地体验了行动研究这种研究方法。研究自己的教学问题是一件很难的事情，从开始的羞愧到解决问题的开怀，笔者在体验着研究带来的收获。

同时，这次研究中也存在一些问题，因为自身研究能力的局限和时间的不足，使得本次行动研究还存在以下问题，需要在随后的研究中加以改进。

（1）在本次行动研究的同时，学生也在进行英语教材的学习，课堂教学对学生的阅读能力客观上有一定的影响，这是无法回避的因素，课外阅读对课内教材的学习是一个很大的补充，二者的关系也是笔者需要考虑的问题。课内教材的学习对本次研究的结论有一定的影响，但从对课外网络阅读的反馈来看，学生们肯定了网络阅读的效果。

（2）英语课外阅读当然绝大部分时间学生都应在课外进行。本次行动研究，有笔者监督和每周的作业跟踪和当堂反馈，学生完成得很好，可是课外网络阅读，更多要靠学生的自主学习能力，教师在学生英语课外阅读上指导的"度"应如何把握？这是笔者以后要解决的问题。

（3）本次研究仅限于笔者所任教的 35 名学生，所以在研究结论和论证过程中有一定的局限性，但希望对今后的研究提供借鉴。

总之，在高中英语泛读教学中，必须始终坚持以学生为中心、学生兴趣为导向的教学原则，注重教材的选取，同时注意以多元智能理论为指导，发挥各类学生的优越性，真正做到因材施教。

衷心希望此次研究中的一些成果对当前的高中英语泛读教学能起到一定的帮助作用。同时，笔者也坚信，在众多教师的不断努力下，利用现代网络技术进行高中英语课外阅读教学的实践，一定会结出更加丰硕的成果。

参考文献

[1] 崔林. 建构主义学习理论及其对我国外语教学的启示 [J]. 辽宁师范大学学报（社会科学版），2002，(3)：36.

[2] 范琳. 认知方式差异与外语的因材施教 [J]. 外语教学，2002，(2)：83-88.

[3] 加德纳. 智能的结构 [M]. 沈致隆，译. 北京：中国人民大学出版社，2008.

[4] 高利明. 现代教育技术 [M]. 北京：中国广播电视大学出版社，1997.

[5] 古德曼. 谈阅读 [M]. 洪月女，译. 台北：心理出版社股份有限公司，1998.

[6] 郭庆民. 乔姆斯基语言学理论与政治思想研究 [M]. 北京：中国人民大学出版社，2011.

[7] 何克抗. 建构主义——革新传统教学的理论基础 [J]. 电化教育研究，1997 (3)：15-18.

[8] 何少庆. 英语教学策略理论与实践运用 [M]. 杭州：浙江大学出版社，2010.

[9] 胡春洞，王才仁. 外语教育心理学 [M]. 南宁：广西教育出版社，1996.

[10] 胡壮麟. 语篇的衔接与连贯 [M]. 上海：上海外语教育出版社，2006.

[11] 黄红阳. 网络资源在中学英语教学中的运用 [J]. 中小学外语教学，2004 (7)：17-18.

[12] 教育部. 普通高中英语课程标准（实验）[M]. 北京：人民教育出版社，2003.

[13] 孔惠洁. 基于网络的英语阅读教学实践研究 [J]. 徐州师范大学学报, 2004 (5): 129-130.

[14] 刘根林. 优化网络资源, 提高英语阅读效率 [J]. 中小学信息技术教育, 2001 (9): 7-8.

[15] 刘润清. 外语教学中的科研方法 [M]. 北京: 外语教学与研究出版社, 2002.

[16] 刘炜. 用英语报刊有效促进英语教学 [J]. 中小学英语教学与研究, 2004 (3): 12-13.

[17] 皮亚杰. 皮亚杰教育论著选 [M]. 卢濬, 译. 北京: 人民教育出版社, 1990.

[18] 温彭年, 贾国英. 建构主义理论与教学改革——建构主义学习理论综述 [C]. 教育理论与实践. 上海: 华东师范大学出版社, 2005.

[19] 贾陆依. 建构主义教学理论视野下的《21世纪报》新闻英语教学 [C]. 高校英语报刊教学论丛. 北京: 北京大学出版社, 2010.

[20] 王立非. 现代外语教学论 [M]. 上海: 上海外语教育出版社, 2000.

[21] 王蔷. 英语教师行动研究——从理论到实践 [M]. 北京: 外语教学与研究出版社, 2002.

[22] 王蔷. 英语教学法 [M]. 2版. 北京: 高等教育出版社, 2006.

[23] 肖哲英. 利用网络资源开展讨论式英语阅读教学 [J]. 广东广播电视大学学报, 2005, (55): 26.

[24] 徐兴玲. Murder in Valley Town 教学设计 [J]. 中学外语教与学, 2011, (9): 45-48.

[25] 张必隐. 阅读心理学 [M]. 北京: 北京师范大学出版社, 1993.

[26] 张海蜂, 江帆. 利用网络资源进行英语阅读教学的探索 [J]. 外语电化教学, 2005, (102): 28-29.

[27] 赵文学. 建构主义关照下的英语教学改革 [J]. 昌吉学院学报, 2006, (1): 74-77.

[28] 张正东. 外语教学科研方法回顾与展望——中国教育学会外语专业委员会20年论文集 [C]. 北京: 人民教育出版社, 2001.

[29] 张庆林. 当代认知心理学在教学中的应用 [M]. 重庆: 西南师大出版社, 1995.

[30] 周季鸣. 从认识到觉醒 [J]. 外语界, 2008, (1).

[31] 朱曼殊, 缪小春. 心理语言学 [M]. 上海: 华东师范大学出版社, 1990.

[32] 朱晓申, 邓中天. 交互性外语教学: 理论与实践 [M]. 上海: 上海外语教育出版社, 2007.

[33] 王媛. 利用现代信息技术提高英语教学 [A]. 英语教学与研究 [C]. 北京: 科学出版社, 2004. 291-293.

[34] DAVIES P, PEARSE E. 2002. *Success in English Teaching*. Shanghai: Shanghai Foreign Language Education Press.

[35] GARDNER D, MILLER L. 2002. *Establising Self-access from Theory to Practice*. Shanghai: Shanghai Foreign Language Education Press.

[36] McNiff J. 2002. *Action research: principles and practice.* New York: Routledge Falmer.

[37] NUNAN D. *Designing Tasks for the Communicative Classroom.* Sydney: Cambridge University Press, 1989.

[38] NUTTALL C. 2002. *Teaching Reading Skills in a Foreign Language.* Shanghai: Shanghai Foreign Language Education Press.

[39] WALLACE M. J. 2008. *Action Research for Language Teachers.* Beijing: People's Education Press.

二、高中英语阅读教学课外延伸的探索与实践

序　言

英语学科的核心素养包括语言能力、思维品质、文化意识和学习能力。英语学习是学生主动建构意义的过程，在这一过程中，学生以主题意义探究为目的，以语篇为载体，在理解与表达的语言实践活动中，融合知识学习和技能发展，通过感知、预测、获取、分析、概括、比较、评价、创新等思维活动，建构结构化知识，在分析问题和解决问题的过程中，发展思维品质，形成文化理解，学会学习，塑造正确的人生观和价值观，促进英语学科素养的形成与发展。所以，英语教学活动不应该仅限于课堂教学，而要延伸到课堂之外的学习和生活中。英语阅读教学的课外延伸让学生在课内阅读的基础上进行课外活动的涉猎，通过完成一系列教师布置的任务来检测阅读效果，强化阅读内容的内化，以达到有效输出。阅读的学习应从教材延伸到课外实践，在真实的任务中运用语言，回归语言学习的本质。

（一）研究问题：研究目的—研究意义—研究假设—核心概念

（二）研究目的

本研究主要探讨如何利用英语阅读的课外延伸提高学生综合运用语言的能力。通过英语阅读的课外延伸，学生应该能够做到以下几点。

扩大词汇量，巩固及拓展课堂所学词汇。

改编课本，并通过戏剧表演展示课文内容。

阅读英文网页，通过提取、筛选、归纳和整合信息对根据教师布置的话题进行介绍、分析和议论。

运用提问、提取、概括、推理等阅读策略分析鉴赏不同难度的英文

原版小说。

对英语有积极的学习意识，体会语言学习的快乐。

（三）研究意义

阅读的课外延伸有利于阅读策略的巩固。《英语课程标准（实验稿）》明确指出："使学生养成良好的学习习惯和形成有效的学习策略是英语课程的重要任务之一。教师要有意识地加强对学生阅读学习策略的指导，让他们在学习和运用英语的过程中逐步学会如何学习。"学习策略影响着英语阅读学习的效果，课堂教学中教师引导学生学习阅读策略，通过课外阅读实践加以巩固。使用有效的英语学习策略，不仅可以大面积地改进英语学习方式，提高学习效果和质量，还可以减轻学习负担。

阅读的课外延伸有利于英语语言文化的学习。背景框架理论认为，任何文本本身并无意义，它只为读者提供指令，使其从自己旧有的知识中调出意义。这个旧有的知识称为背景知识，而整个旧有知识体系则叫作"背景知识框架"。文章是文化的载体，文化则是语言的环境，语言是文化不可分割的一部分。所以，学习语言就必须了解有关的文化背景知识，如果缺乏相关的背景知识，不了解文章相关场合，便无法理解语篇。学生在阅读与文化紧密相连的文学作品时，由于缺乏相关的背景知识，常用本民族的文化知识去理解，往往找不出上下文的关系，体会不到文章的内涵，严重影响对文章的准确理解。课堂阅读教学中，教师可以辅助相关的文化知识，帮助学生理解课文。在课后的延伸活动中，教师可以引导学生自主阅读相关的文章，获取更多的背景知识，从而更好地理解课文。

阅读的课外延伸有利于学生词汇的学习。词汇量对于阅读非常重要，语言学家维尔金斯（D·A·Wilkins）曾说："没有语法，很多东西无法传递；没有词汇，则任何东西都无法传递。"学生掌握的词汇量大小直接影响阅读，词汇量小是制约部分学生阅读提高的根本原因。词汇的学习很大程度要在语境中进行，在阅读的课外延伸中，学生可以增加词汇在不同语境的复现率，从而提高词汇的识记和领悟能力。

对学习动力有益。从学习外语来看，一般是思维发展水平较高、学习能力较强的学生，学习的自觉性强，悟性高，学习策略也较正确。一些思维发展中等、学习能力较弱、比较懒散的学生，学习的基础差，自觉性不高，在学习上处于被动状态。他们在学生中大约占35%左右。成就动机最早的研究者阿特金森和迈克勒伦认为，人类的成就就是追求成功和害怕失败之间情绪冲突的结果。力求成功者具有较强的自我发展的内在动力，更加注重于学习活动的内在卷入。德威克等人的研究揭示，力求成功者持有"能力发展观"，认为在主体的努力下，能力是可以不断增长的。研究者所在学校是北京市重点中学，学生的学习能力较强，成功欲望高，但学习能力有差异。课堂教学满足的是整体学生的需求，对能力较弱的学生来说，完成不了课堂任务会使他们产生挫败感。在课外延伸活动中，教师可以根据学生能力分配不同的任务，有利于各个层次的学生从学习中获取幸福感，从而增强学习的动力。

（四）概念界定

阅读：

Nunan在其《体验英语教学》一书中认为阅读的定义是"Reading is a fluent process of readers combining information from a text and their own background knowledge to build meaning"。我国对第二语言的阅读不仅从心理学和行为学的角度研究阅读教学，还从阅读者的背景知识的掌握、阅读过程的分析及阅读策略的培养方面研究第二语言的阅读教学。胡春洞指出，"阅读能力指的是阅读理解能力。它是一种综合能力，是通过阅读过程而体现出来的能力"。吕良环教授认为，"阅读是读者运用已经具备的语言知识、社会文化背景知识和学习策略，通过对书面文字符号的感知、加工而理解作者的思想和情感的心理过程"。

课外延伸：

《高中英语课程标准》（以下简称《标准》）指出，"英语教学活动不应该仅限于课堂教学，而要延伸到课堂之外的学习和生活中"。

"英语教学七项教学原则"提出：教师要充分利用现代教育技术，开发英语教学资源，拓宽学生学习渠道，改进学生的学习方式，提高学生学习效率。要开发和利用广播电视、英语报刊和网络等资源，为学生创造自主学习的条件。

Van Lier 认为，任务的真实并不仅仅指教材的语言材料与生活中语言使用的真实，更重要的是人的真实行动。换言之，学习者在用语言进行活动时做的事情是他们自己想做的。他们的行动是经过自主选择的，他们表达的是他们真实的感受，他们所说的语言是他们想表达的。

龚亚夫、罗少茜在对英语任务型教学进行评论时说，教师没有必要布置空的枯燥的假期作业，可以布置一些丰富多彩的任务，让学生到各个地方去寻找。提倡学生们参加课外的、积极的、互动的、有效的信息输出和交流，让学生们利用现代化的手段完成能充分表达自己见解的任务。

从上述观点中我们可以得出这样的结论：课外延伸应包括以下含义。由教师设计课外任务或提出建议，学生通过独立思考，或互动交流，运用英语有目的参与课外生活、社会活动的过程。英语阅读教学的课外延伸应该是学生在课内阅读的基础上进行课外活动的涉猎，然后通过完成一系列教师布置的任务来检测阅读效果，强化阅读内容的内化，达到有效的输出。本研究中的课外延伸指从教材延伸到课外实践，在真实的任务中运用语言。

（五）研究背景和文献综述：理论基础——相关研究成果

在我国的一些有关英语教学的期刊中，来自全国各地的一线教师发表了很多有关阅读教学的文章，他们把一些阅读理论如"图式理论""相互作用"阅读模式应用到自己的实际教学中，并收到了很好的教学效果。有些教师还在探索某种有效的英语阅读教学模式。总之，目前我国有关英语阅读教学的研究层出不穷，各有特色。

　　课外延伸的研究成果目前并不多见。毛颖、梁卫格通过对大学英语教学课外延伸的现状调查，以及以该校2005级12个班的学生为被试对象，采用"准实验法"，对大学英语教学的课外延伸及方法进行了探究。他们通过实验数据表明，"言语教学对于语言教学的促进作用很大，有助于提高学生的英语综合水平。而目前的言语教学多是以第二课堂学习的形式进行的"。吴传燕的硕士论文《高中英语阅读的课外延伸研究》探讨了高中英语阅读教学进行课外延伸的内容和方法，分别从陈述性知识和程序性知识两个方面对高中英语阅读教学课外延伸的内容进行了阐述，同时从三个层面对方法进行了阐述，包括制定延伸计划，实施延伸学习，开展测评。沈红莲立足于教材对英语阅读教学进行的课外延伸，取得了一定的成效。她指出无论是英语教材还是课堂教学都有很大的局限性，因此，需要拓宽英语教学渠道、进行英语阅读课教学的课外延伸。而英语教学向课外延伸又以用好教材为前提。在进行课外延伸时，她强调教师应找准时机和衔接点进行课外延伸、选择合适的延伸素材、拓展课外延伸的渠道去服务于课堂。

　　课外延伸在一定程度上对学生的自主学习有要求。在20世纪80年代后，外语教学界开始转向对自主学习问题的关注。自主学习理论之父霍勒克率先将"学习者自主"这个教育哲学范畴的概念引入外语教学界。他把自主学习定义为"能负责自己学习的能力"。自主学习作为一种现代学习理念，它的心理学基础是建构主义理论。越来越多的研究者和教师都意识到要想达到教育的一个主要目的——激励学生成为终身学习者，必须帮助学生获得必要的自主学习能力。麦克卢尔（Mclure）、哈特（Hart）等国外研究者进行了形式多样的外语教学改革，提出了结合课堂教学引导学习者自主的方法，其中提到两点。一是鼓励和指导学习者根据个人的具体情况确定学习目标，制定学习计划。在条件允许的情况下，教师可以列出学习的内容给学生，以便学生可以按照自己的意愿有选择性地进行。二是大量输入和实践所学目的语言，结合学习者的情况提供有利的学习资源，如多媒体学习资源、期刊、报纸和杂志等，营造一种浓厚的英语学习风气。

研究显示，对英语阅读的课外延伸探索主要在大学进行，研究的内容和形式主要围绕课外阅读。笔者认为，对课外阅读延伸的形式可以有更多的探索。学生的年龄、性格、认知水平、英语能力和课堂英语阅读教学所使用的教材都会对课外延伸有一定的影响。本课题研究希望立足于本校学生的学情和师资，通过课堂阅读教学与不同形式的课外延伸活动来结合提高学生综合运用语言的能力。课外延伸的活动不仅限于课外阅读，还有读写结合、读说结合等活动，旨在通过研究培养学生的学习能力，拓展教师的教学思路和研究空间，同时也为更多的研究提供借鉴。

（六）研究过程：研究设计—研究对象—研究方法—技术路线

在传统的英语教学模式中，教师在很大程度上依赖教科书，较少结合实际充实一些和时事挂钩的教学内容及必要的英美文化背景知识等，使教学失去弹性，因而也就失去了许多功能性和时效性。所以，一方面教材的选择很重要，另一方面教师对于教材相关的课外知识的拓展也必不可少。从 2012 年 9 月起，研究者所在学校使用了英国原版教材 *New Headway English* 中级版作为校本教材。相对于原来的人教版教材，该教材语言地道，内容丰富，具有英语语言国家的文化特征，非常有利于培养学生综合运用英语的能力。但该教材课文的词汇量大，语言灵活，话题新颖，更偏向于英语语言国家的价值观和文化意识，阅读课对于没有接触过原版教材的高一学生来说很有难度。同时，教师们发现课堂时间远远不够消化教材的内容。增加课时解决不了根本问题，放弃原版教材不利于学生能力的培养。要解决学生和教材课文间的差距，最主要的是提高学生的能力，让学生慢慢适应教材。英语教学的语境非常重要，在缺乏真实的英语语言环境的情况下，教与学都很难。所以教师在课堂上要为学生创设学习语言的环境，课下也要引导学生更多地接触语言和使用语言，从而课堂课外相结合，以提高学生综合运用语言的能力。阅读是语言输入的途径，在课堂阅读教学中，教师可以教授阅读策略，阅读文章中的词汇、语法和篇章结构，但这些知识和技能的讲授仅凭课堂教学是无法让学生掌握的，只有通过大量的课外活动才能使学生对知识和技能融会贯通。传统的课外活动就是词汇、语法和阅读文章的机械化练习题，这在一定程度上能够巩固课堂所学内容，但严重影响了学生的学习兴趣，违背了语言的学习规律。所以，阅读课如何进行课外延伸从而让学生在课堂上学到的阅读策略、词汇、语法和篇章结构转变成学生的英语能力是教师们面临的一个问题。

自《英语课程标准》提出改革英语教学开始，我国英语教学界已开展了近十年的探索与实践。多数教学研究只开展于课堂之内，而关于课外延伸英语教学的理论探索和实践报道，却鲜见于报刊。很多教师以读后活动的形式对课堂阅读教学进行了课后延伸的探索，为本研究做了很好的铺垫。本研究希望在前人的基础上，综合一些成功的案例，结合本校原版教材的使用背景，总结课堂阅读教学的成果，推广到课后的延伸活动中，从而在听、说、读、写四方面提高学生的英语能力，力求在课外延伸的思路和方法上有所突破。当今教育改革提倡外语教学要以提高学生"综合运用语言能力"为根本，笔者拟从阅读教学的课外延伸对学生综合运用语言能力的培养进行探索，希望能够提高课堂内外阅读教学的实效性。同时，尝试实践《英语课程标准》提出的教学模式，优化教学方式，培养学生英语学习的策略，同时改变学业成绩单一的评价标准。研究内容包括课外网络阅读、拓展阅读与读书笔记的结合、基于阅读的戏剧表演等。

本研究主要探讨如何利用英语阅读的课外延伸提高学生综合运用语言的能力。研究重点是力求在课外延伸的思路和方法上有所突破，把课堂阅读教学的成果推广到课后的延伸活动中，从而在听、说、读、写四方面提高学生的英语能力。

本研究的重点是英语课堂阅读与课外延伸的结合，侧重课外延伸的内容和实效性。课堂上教师主要讲授课文的阅读策略和词汇、语法等知识并进行操练，课外通过听说读写各种延伸活动，巩固课堂所学技能并在实际语境中加以运用。难点是不同层次学生对课外拓展活动的参与程度和学习效果的监测。

（七）研究对象

研究对象为高一、高二学生，使用教材为 New Headway English (Intermediate and Upper Intermediate)。

（八）研究方法

个案研究法：课题组成员根据所教教材使用的实际情况，选取一个课外延伸的内容作为研究对象，精心研究教材，结合教学实际，获取对新教材使用的心得体会。每个课题成员定期收集本人的研究实例，分析综合，上交到课题组。课题组根据参研人员交上来的案例及总结报告，撰写出阶段性总结及结题报告，探索教材整合过程中的得失利弊。

访谈法：与学生访谈，检验课外延伸的效果。

行动研究法：研究者通过分析本身问题及寻找解决方案，使研究成功。

（九）研究实施

研究的准备阶段：2014年7月—2014年10月

设计课题方案，制定了切实可行的研究计划。查阅大量文献，掌握英语阅读课内教学与课外延伸的案例和教学策略的论著，确定研究课题，在科学理论的指导下，设计了课题研究方案，修订、论证研究方案，使课题研究具有明确的目标。（1）本课题研究以备课组为单位，依据教材内容设计课外延伸内容，高一以读写的形式居多，高二侧重听说。（2）每个课题组成员有各自负责的领域：两位老师负责课内阅读和课外听说的延伸；两位老师负责课内阅读和课外阅读的延伸；两位老师负责读后影视作品的鉴赏；还有两位老师负责读后写作。

研究的实施阶段：2014年11月—2016年7月

基于英语阅读教学，课题组成员分类型进行课外拓展的研究。组织课题组成员对彼此的课例进行研究，形成全面而详细的分析报告。采用行动研究法，一方面课题组成员要根据自己研究的具体问题进行课堂教学实践、撰写专题论文、积累典型的研究案例；另一方面通过公开课、研讨课、教学经验交流，发现问题，调整实验计划。以下是具体研究的主要过程和活动。

本研究主要探讨如何利用英语阅读的课外延伸提高学生综合运用语言的能力，研究重点是力求在课外延伸的思路和方法上有所突破。在2014年9月—2016年11月的高一、高二的教学中，课题组成员把课堂阅读教学推广到课后的延伸活动中，从而在听、说、读、写四方面提高学生的英语能力。根据每个教学单元的阅读课文展开不同的课外延伸活动。

从读到读：课外阅读与课内话题相近的原版阅读材料，材料来源主要是网络和原版小说，目的是巩固课堂所学词汇、语法和阅读策略。高一教材 Newheadway English Intermediate 第1—12单元的阅读课堂学习后均配有课外阅读任务。学生阅读了大量英文网页（见附录1）。

从读到写：课堂阅读课后，让学生写阅读材料的读后感及制作海报等，对课堂阅读内容进行不同形式的总结反思，以培养其判断性思维。高一教材 Newheadway English Intermediate 第1、2、4、6、7、8单元的课文以写的形式做了课外延伸。校本课程原版小说阅读也以这种形式反思小说内容。学生制作了海报和PPT等对课外阅读内容进行总结和展示。

从读到听：课后观看与阅读话题相关的影视作品，目的是丰富背景知识和文化的输入，同时提高英语听力水平。高一教材 Newheadway English Intermediate 第2、8、9单元及高二教材 Newheadway English Upper Intermediate 的第 1、2、4、6、7、9 单元均有话题相关的影视作品供学生欣赏。学生利用早读时间展示和分享对影视作品的理解。

从读到说：把课上所学内容通过配音、戏剧表演的形式加以巩固，既内化了所学内容，又练习了英语口语。校本课程原版小说阅读主要以这种形式进行课外延伸。课题组成员通过公开课的形式研究、分析学生从读到说的过程。学生制作了大量音频视频材料练习口语。

课题组成员在校内、区级或市级开设多节公开课、示范课。其中林斌老师执教市级公开课，指导学生课外阅读成果展示；卜岚、郭丽、郝刚、林斌、吕寅梅、刘云、王美多、王寒冰分别执教校级公开课，进行课外阅读与写作、原版小说阅读鉴赏、课外阅读与语法学习、课外阅读与词汇学习等研究。课题组成员对彼此的课例进行研究，形成了全面而详细的分析（公开课情况见附录2）。

除了每单元阅读教学的课外延伸活动，2016 年 3 月和 2016 年 10 月，课题组还组织了两次学生课外延伸阅读的展示活动。2016 年 3 月的活动以演讲和访谈为主，主要对高一阶段的从读到读和从读到写进行总结；2016 年 10 月的活动以课本剧和英美剧表演为主，对高二阶段的从读到听和从读到说进行展示。

成果形成阶段：2016 年 8 月—2016 年 12 月

（1）整理实验数据和资料，对实验效果进行评价。（2）整理优秀教学设计、课例、案例系列，做好实验的教科研论文成果汇编。（3）完成实验研究报告。（4）召开课题展示会，展示汇报实验成果。（5）完成课题研究报告，为课题鉴定做好充分的准备。

（十）研究发现或结论

在两年的课外延伸活动中，学生巩固及拓展课堂所学词汇，改编课本，并通过戏剧表演展示课文内容；阅读英文网页，通过提取、筛选、归纳和整合信息对教师布置的话题进行介绍、分析和议论；运用提问、提取、概括、推理等阅读策略分析鉴赏不同难度的英文原版小说，对英语产生了积极的学习意识,体会到了语言学习的快乐。具体地说,(1)学生的英语阅读水平全面提升,学生的词汇量在高二阶段就接近3000,达到了高中毕业生的水平;学生能够熟练阅读原版网页、杂志及小说。(2)学生的综合素质获得全面发展。学生学习外语不仅是为了考试,而是让外语成为交际和扩大活动领域的工具。通过一系列课文相关的听说读写练习,学生的学科素养得到了充分的提升,英语口头及书面表达均达到了一定水平,能流利地用英语对话及阐述观点;理解和包容文化差异,面对文化冲突时能做出积极的反应;具备一定的学习能力,可有意识地在生活中捕捉学习和提高外语的机会。

论文《高中英语阅读课外延伸的行动研究报告》获2014年中国教育学会论文评比二等奖;教学案例《高中阅读与写作结合课型》2015年1月发表于《英语模块教学法教程》;论文《以建构主义指导小说阅读,培养高中生英语核心素养》获2016年中国教育学会论文评比三等奖。课题组老师在"首届全国中小学英语阅读教学研讨会"中所讲授的阅读课"Family Matters"荣获优秀观摩课,老师们先后在朝阳区教学基本功大赛微课比赛中获得一、二等奖。

分析和讨论

对于中等生和基础很好的学生来说,阅读课外延伸活动有着内容新、语言真实的优点,对于有一定自主学习能力的学生来说,是一种有效的学习方式。它有以下优点:首先,多媒体网络教学的学习可以给学生带来极大的乐趣。学生是带着极大兴趣来获取知识的,在这种情况下所学的知识易于接受。这种学习是学生自愿去学,自主去学,而不是被动地学习,因而提高了学生对学习的自觉性和自主性,也为学生学会终身学习奠定了坚实的基础。其次,对于学习资源的发掘符合英语学科核心素养的特点。现代教育观念认为,未来的人才素质应具有合作精神。因此,课外合作学习是适应素质教育的重要环节。再者,阅读课的课外延伸活动为学生营造了一个良好的学习环境。在社会高度信息化的今天，教师应适时为学生提供一个应用现代信息技术的机会，培养学生现代技术的应用意识和应用能力，掌握利用信息技术获取信息资源的方法，从而达到提高课堂教学质量、培养学生综合素质的目的。但对于学习基础较差的学生来说，课外学习材料中丰富的词汇、灵活的表达、真实的语言都给他们设立了层层障碍，使他们无法理解，无法学到更多的词汇和表达。Nuttall 认为材料中有太多不熟悉的单词，那读者的阅读技能是无法提高的。所以对一些基础差、词汇量少的学生来说，课外延伸收获不大。但参加本次课题研究的学生为市级示范校学生，大部分学生学习基础较好，能够完成课外延伸的任务，并取得了一定的收获。

此次行动研究有以下收获：首先，通过此次研究，课题组成员找出了自己在辅导学生阅读中的问题，找到了一些应对措施，为进一步研究英语阅读教学打开了局面。同时我们也认识到，培养和提高英语课外阅读能力是一种长期细致的工作，教师要找到适合学生阅读课外延伸的形式和材料，根据学生的情况制定相应的任务，指导必要的阅读策略，并运用各种办法鼓励、监督、敦促课外延伸活动的完成。

表 20 阶段成果

成 果 名 称	成 果 形 式	时 间
原版小说鉴赏	公开课	2015 年 10 月
学生课外拓展英语戏剧展示活动	戏剧表演	2016 年 10 月
以建构主义指导小说阅读，培养高中生英语核心素养	论文	2016 年 10 月
英语课外阅读交流	学生活动	2016 年 3 月
英语阅读教学的课外延伸与教师发展	论文	2016 年 11 月

表 21　最终成果

最终成果名称	成果形式	时间
高中英语阅读教学课外延伸的探索与实践	研究报告	2016 年 11 月
英语阅读教学的课外延伸的实践活动	影像材料	2016 年 11 月
英语阅读课外延伸活动中的学生作品	文字材料	2016 年 11 月

五、参考文献

［1］ CIARDIELLO A. V. *Student Questioning and Multidimensional Literacy in the 21st Century*. The Educational Forum，2000，64：215－222

［2］ LANGAN J. 2005. *College Writing Skills NewYork*：McGraw–Hill.

［3］ KRASHEN S. D. 1981. *Second Language Acquisition and Second Language Learning*［M］. Oxford. Pergamon.

［4］ KRASHEN S. D. 1982. *Principles and Practice in Second Language Acquisition*［M］. Oxford. Pergamon.

［5］ KRASHEN. S. D. 1989. *We acquire vocabulary and spelling by reading：Additional evidence for the input hypothesis*［J］. Modern Language Journal 73：440–464

［6］ SWAIN M. 2000. *The Output Hypothesis and Beyond Mediating Acquisition Through Collaborative Dialogue.*［J］. Sociocultural Theory and Second Language Learning（pp. 97–114）. Oxford：Oxford University Press.

［7］加德纳. 智能的结构［M］. 沈致隆，译. 北京：中国人民大学出版社，2008.

［8］古德曼. 谈阅读［M］. 洪月女，译. 台北：心理出版社股份有限公司，1998.

[9] 郭庆民. 乔姆斯基语言学理论与政治思想研究 [M]. 北京: 中国人民大学出版社, 2011.

[10] 王立非. 现代外语教学论 [M]. 上海: 上海外语教育出版社, 2000.

[11] 王蔷. 英语教师行动研究——从理论到实践 [M]. 北京: 外语教学与研究出版社, 2002.

[12] 王蔷. 英语教学法 [M]. 2版. 北京: 高等教育出版社, 2006.

[13] 肖哲英. 利用网络资源开展讨论式英语阅读教学 [J]. 广东广播电视大学学报, 2005, (55): 26.

[14] 普通高中英语课程标准（实验）[M]. 北京: 人民教育出版社, 2017: 12 - 23

[15] 文秋芳. 英语学习的成功之路 [M]. 上海: 上海外语教育出版社. 2003.

[16] 杨文娟. 英语阅读教学在学生提问中提升 [J]. 教学月刊, 2006（5）. 44 - 46.

[17] 余颖. 通过有效阅读促进学生写作能力的提升 [J]. 中学外语教学与研究, 2011（11）: 30 - 33.

附录1

表21 公开课展示记录

课题	时间	级别
阅读表达	2014年10月	校级
深层次阅读	2015年6月	市级
阅读分析	2015年10月	校级

续表

课题	时间	级别
阅读策略培养	2015 年 10 月	校级
原版小说鉴赏	2015 年 10 月	校级
阅读表达	2015 年 12 月	国家级
阅读表达	2015 年 11 月	校级
阅读讨论	2016 年 10 月	国家级
读写结合	2016 年 10 月	校级
阅读分析	2016 年 10 月	校级
小小说赏析	2016 年 10 月	校级
读后续写	2016 年 11 月	国家级

附录 2　学生活动记录示例

戏剧表演：

Toy Story

Actor：2 班　张怡敏

5 班　绳祺　郑润石

6 班　赵冀龙

7 班　唐钰程

9 班　申玹瑞

10 班　凌子云　徐知民

11 班　李泽琪　徐一凌

12 班　金熙珠

图 30　戏剧表演（一）

Andy will go to college soon, which means he can't be at home and he will no longer need his toys. His toys are very anxious now, because they think they will be abandoned. As Andy's best toy friend, Woody believes that his owner still cares about them, so he tries to comfort the other toys.

图 31　戏剧表演（二）

Preparing for the show was not easy. We had to find time to get together.

There was plenty of laughter during the practice. Rex (the dinosaur) was a sensitive toy. He always shouted in a strange voice. Every time we copied his voice, we couldn't help laughing.

Although we are in different classes, the teamwork is good. We all enjoyed very much in our practice.

图32 戏剧表演（三）

三、通过原版小说阅读培养高中学生英语学习能力的行动研究

（一）研究目标

本课题研究旨在探索原版小说阅读对高中生英语核心素养之学习能力培养的实践意义。英语学科的核心素养包括语言能力、思维品质、文化品格和学习能力四个维度，过去很多教师的教学都聚焦在对学生语言知识和语言技能的培养上，现在如果要在教学中同时关注学生这四个维度的素养，最难落实的是思维品质和学习能力。其中，学习能力主要包

括元认知策略、认知策略、交际策略和情感策略。作为核心素养的学习能力，并不局限于学习方法和策略，也包括对英语和英语学习的一些认识和态度。例如，对英语学习有正确的认识和持续的兴趣，有积极主动的学习态度和成就动机，能够确立明确的学习目标，有主动参与语言实践的意识和习惯。另外，除处理使用学习方法和策略以外，还要监控方法和策略的使用情况，评估使用效果，并根据需要调整学习方法和策略。用"学习能力"的概念取代以往几个版本英语课程标准中的"学习策略"，进一步突出了学会学习的重要性。本课题主要研究如何利用原版小说阅读提高学生的学习能力。在本次研究中，对原版小说阅读的读后处理包括从读到读、从读到写、从读到听和从读到说。

通过英语原版小说阅读的课题研究，学生应该能够做到以下几点。

扩大词汇量，巩固及拓展课堂所学词汇。

改编小说文本，并通过戏剧表演展示小说内容。

阅读英文网页，通过提取、筛选、归纳和整合信息对根据教师布置的话题进行介绍、分析和议论。

运用提问、提取、概括、推理等阅读策略分析鉴赏不同难度的英文原版小说。

对英语学习有正确的认识和持续的兴趣，有积极主动的学习态度和成就动机，能够确立明确的学习目标，有主动参与语言实践的意识和习惯。

本课题拟解决的关键问题及研究设想。以目前英语阅读教学存在的问题为切入点，研究各种阅读教学理论的实用性和可操作性，针对教学实际和学生小说阅读现状，从整体阅读的层面进行小说阅读教学研究，最大限度地使学生获益，培养学生的学习能力。

1. 学习理论文献

如《基础教育课程改革（试行）》《中小学英语教学与研究》《高中英语课程标准》《中小学外语教学》等，特别是选取关于阅读教学的文章进行课题组成员学习，力求从理论层面上提高语篇教学研究的素养。本课题研究旨在探索原版小说阅读对高中生英语核心素养之学习能力培养的实践意义。据《高中英语课程标准》修订专家组组长王蔷教授介绍，英语学科的核心素养包括语言能力、思维品质、文化品格和学习能力四个维度。英语学科核心素养的培养任务对全体教师提出了更高的要求。

2. 收集教学资源

对小说教学的相关资源进行收录和整合，并向语文学科学习阅读教学的技巧，结合英语教学全员探索。

3. 参加各类教研活动

组员间相互观摩语篇阅读课堂教学，再召开课题组成员交流会。如参加中国教育学会外语教学专业委员会20次年会，聆听"有关外语学科核心素养培养"的报告；课题组成员参加2017年和2018年北京市第80中学教学基本功大赛并执教小说阅读课；观摩"2017年北京市级示范性同课异构研讨会"，课题组成员撰写关于其中一堂课的评析，再做交流。

（二）研究的主要切入点

本研究主要探讨如何利用英语小说阅读提高学生综合运用语言的能力，研究重点是力求在小说阅读的思路和方法上有所突破，把课堂阅读教学的成果推广到课后的延伸活动中，从而提高学生的英语能力。在本次研究中，英语阅读的课外延伸包括从读到读、从读到写、从读到听和从读到说。

1. 从读到读，指课外布置学生阅读与小说话题相近的原版阅读材料，如网络上的原版文章，以此来巩固对小说背景文化的了解，从而更好地理解小说内容。

2. 从读到写，通过读后感来总结反思小说内容，同时培养学生的判断性思维。把小说改编成戏剧也是写作的过程。开发小说阅读选修课程，以阅读圈的方法进行小说阅读的文本分析，培养学生的文学鉴赏能力。

3. 从读到听或看，让学生欣赏与小说话题相关的影视作品，了解背景知识和文化，对比小说与影视作品。

4. 从读到说，以课本剧的形式展示小说的内容，加深对小说的理解。

（三）主要创新点

多数教学研究只开展于课堂文本教学之内，而英语小说阅读教学的理论探索和实践的报道却鲜见于报刊。很多教师以读后活动的形式对课堂小说阅读教学进行了探索，为本研究做了很好的铺垫。本课题主要研究如何利用原版小说阅读提高学生的学习能力。在本次研究中，对原版小说阅读的读后处理包括从读到读、从读到写、从读到听和从读到说。

（四）研究步骤

第一阶段（2016 年 10 月中旬—12 月中旬）阅读书目拟定

课题研究者通过访谈和网上查找的方式确定适合阅读的简易读本，列出书单。本课题的研究者的思路是由简易读物（每本书大约 3000—5000 字，有丰富的图片辅助）阅读过渡到长篇原版图书阅读。拟定阅读书目为：高一年级：典范英语 9 第一本到第十四本；高二年级：*Holes*；*Boy in the Striped Pyjamas*；*Kite Runner*。

第二阶段（2017 年 1 月中旬—7 月中旬）调整计划安排

通过进行过原版小说阅读的学校和学生的调研验证其合理性。研究者根据学生的情况做了一份问卷调查表，以了解学生对教师制定的提高阅读能力的计划有何意见，以及实施的情况如何。

第三阶段（2017 年 7 月—2018 月 7 月）阅读计划实施

实施研究计划，让学生阅读经过调整过的阅读书目，由简易读物阅读逐渐过渡到长篇原版图书阅读（以第一本书为例）。

表22 阅读计划实施情况

单元标题	学习内容	授课思路（冒号后面为话题及情境设置）	预期目标	目标达成情况
Book I Waiting for Gordie	语法	Naming the Tense: Present Tense in Novel	归纳语法结构或要点并在所给情境中正确使用	已完成
	阅读	Reading Circle: appreciate the novel from plots, language, theme and characters.	读懂文章内容并能够就开放式问题发表见解	已完成
	听说	Our World: summarize how people and animals live in harmony.	捕捉到听力材料的主要内容并做出评价	已完成
	词汇	Describing animals' life and the change of people's feeling: Use target words to describe great inventions in your mind.	能够用目标词汇描述或评论所创立的情境	已完成
	活动	What do you think of the characters? The relationship between people and nature.	口头或书面对小说的内容做出反思（不少于8句）	已完成

第四阶段（2018年7月—2018月10月）成果整理和反思

经过一年的研究，在研究的前期准备完成后，设计完成课题方案，并制定了切实可行的研究计划。查阅大量文献，掌握英语阅读课内教学与课外延伸的案例和教学策略的论著，确定研究课题，在科学理论的指导下设计了课题研究方案，并修订、论证研究方案，使课题研究具有明确的目标。首先，基于英语阅读教学，课题组成员分类型进行小说阅读的研究。其中，一位老师负责小说读后感的撰写；三位老师负责原版小说阅读的课外监督；两位老师负责小说阅读读后课本剧的编写和展示；一位老师负责小说阅读选修课程的开发。其次，从研究方法上，采用行动研究法。一方面课题组成员根据自己研究的具体问题进行课堂教学实践，撰写专题论文、积累典型的研究案例；另一方面通过公开课、研讨课、教学经验交流发现问题，调整实验计划。以下从学生发展和教师发展两方面总结本课题的阶段性成果。

1. 学生方面

（1）学生的英语阅读水平全面提升

学生学习英语的积极性明显提高，他们的英语阅读量明显扩大，阅读水平明显增强。例如，2017级高一年级学生在学习了 *A day's wait* 一课后，同学们通过上网、查阅报刊等方式收集教学资源，制作了以英语为载体的大量介绍海明威的视频作品，然后师生互相交流，高质量地完成了教学任务。

（2）学生的综合素质获得全面发展

课题开展以来，学生各方面的素质有了进一步的提高。学生英语成绩稳步上升，并且有50多名学生在英语写作、演讲和综合能力比赛中获奖。通过阅读，学生从中学到了许多课堂上学不到的知识，学到了许多做人的道理，精神世界得到了进一步丰富。

（3）学生英语活动的能力增强

高二学生组织在学完小说 *Holes* 后进行了英语剧的汇演活动，学生自创英语剧本，与老师一起共同排演，最后成功地进行了两场全校汇演，在学校引起了很大轰动，极大地提高了学生的学习热情。同时，学生在听力、口语、阅读方面有了显著的进步。2017年暑假，全年级假期作业为小说阅读。开学后举办了英语戏剧展演活动，也是全年级都参与的活动。各班以假期作业布置的小说 *Holes* 为背景，进行戏剧汇报表演。有的班以小说中某一部分为剧本，声情并茂地表演了一段戏剧小品；有的班对小说的前因后果做了深入的研究，重新编写了剧本，表演了原创剧；有的班不满足于话剧这一形式，进行了音乐剧的创作和表演。同学们的才华在英语戏剧表演中充分展示，语言能力在潜移默化中等到了提升。学习不再是枯燥的作业和考试，当学生全身心投入到他们热衷的事情中时，他们收获的是快乐和信心。看到学生对英语小说阅读和戏剧表演有如此的热情，年级特别邀请了新东方的老师来做《英文原著鉴赏》讲座。学生们和老师进行了热烈互动，老师介绍的每一本小说都有同学读过，让主讲老师深深震撼于我校学生的阅历和视野。短短40分钟的讲座充满了掌声和笑声，表现突出的学生还收获了老师的赠书。

图33　学生戏剧表演的一幕

图34　英文原著阅读的获奖同学和主讲老师合影

2. 教师方面

（1）公开课和讲座情况

课题组成员定期在校级、区级或市级开设一节或多节公开课、示范课。其中一位老师执教国家级公开课，指导学生小说阅读成果展示；四位老师分别执教市区级公开课，进行小说阅读与写作、原版小说阅读鉴赏、课外阅读与词汇学习等研究；一位老师参加朝阳区"课标解读与教学结合"的教研活动，并做专题发言。

（2）论文发表和获奖情况

论文《高中英语阅读课外延伸的行动研究报告》入选 2017 年北京市朝阳区优秀成果汇编。

（3）辅导学生获奖情况

四位老师辅导的学生 50 多人次参加北京市科技英语比赛，获一等奖。

通过这些理论学习、课堂教学、讲座、辅导学生获奖等实践活动，使课题组成员的理论水平、研究意识和教学研究能力都有了较大幅度的提高，并逐步形成了自身的教学风格，切实地保障了课题研究的进展。

（五）课题研究中存在主要问题

通过开展原版小说阅读提高学生学习能力的课题研究，课题组教师在如何激发学生自主阅读兴趣和让学生形成有效的阅读策略方面，形成了一套有效的教学模式，培养了学生良好的阅读兴趣、方法，养成了学生良好的阅读习惯和有效的阅读技巧，为他们的终身学习和发展打下了良好的基础，课题研究预期目标初步实现。但在研究过程中也出现了以下困惑。

1. 理论缺乏系统性，科研意识不强

本课题组的所有成员虽然也会翻阅相关理论，但总觉得比较肤浅，理论学习较零散，缺乏系统性学习。只有提高教师的科研意识，让教师能在教学实践中主动自觉地开展研究，将课题与常规教学紧密结合在一起，课题研究才能走上常规化，各项措施才能落到实处。怎样更加深层次地提高课题组人员的理论修养是摆在我们面前的一个新问题。

2. 交流的不方便

由于课题组人员分布于各年级段，经常是一天也碰不到一次面，这给我们的交流带来了不便。其实理想状态是交流日常化，日常交流化，在轻松和谐的氛围中提高我们的研究水平。

3. 学生英美文化知识面较为薄弱

学生由于个人爱好、家庭环境等方面的影响，英美文化知之甚少。学生应广泛涉猎英美文化，让自己更多地了解各国文化，更好地感悟各国语言的魅力，以增强英语阅读的兴趣。

4. 疏于动笔整理

教师对本课题的研究应是积极的，但很多时候由于时间紧、工作忙，一些有价值的材料只停留在口头讨论交流的层面，未能形成经过整理并进行深入分析和研究的案例论文，这些都是亟待解决的问题。

（六）思考和建议

1. 继续进行高中生原版小说阅读的实践探索

依据高中英语课程标准和建构主义学习观，探索和研究适合高中英语文学阅读教学的模式；同时，力求在新的教学模式支撑下，提高教师驾驭阅读课堂教学的能力。

2. 完善和优化课外阅读教材

拓宽视野，充分利用"典范英语""时文阅读""空中英语教室"等资料，逐步汇编出适合学生阅读的系统阅读材料。

3. 积极进行"请进来，走出去"活动

邀请外语教育研究的专家前来指导，对课题进行可行性论证，并适当调整研究计划；积极参加各级各类课题相关教学研讨活动。

后　记

　　感谢朝阳区名师工程和北京市中学教师名师发展工程项目，让我有机会审视自己这些年的发展经历，同时也深入思考自己未来的发展方向。三省吾身，我觉得自身有以下优势：具备专业的业务素养，勤思考、会反思、热爱学习、渴望提高，工作积极主动，执行力强；拥有21年教学经验，多次承担公开课且撰写论文，曾参加北京市基本功大赛并获奖；任教环境为个人的发展提供了良好的基础。在北京市示范校任教，学生素质和学习热情较高，便于实施教学研究，而且学校支持和鼓励教师自我发展。同时，我也存在明显的问题：个人教学的思考与实施进入瓶颈期，希望能跳出固有思维，做专业提升的教研；对于高质量公开课的教学设计需进一步努力；课题实践研究的深度、广度、后期课题资料的整合力度不够，高质量完成课题结题任务的能力需进一步提升；近几年对教学实践的文字总结、提炼不够，书面成果少。通过对自身的分析，我制定了如下发展规划。

　　注重研究，深入思考，整合中外几套教材的精华，开发校本教材和选修课程，扩展教学内容。在教学中，我要积极进行教学资源的整合和开发。自2012年以来，我一直坚持使用原版教材作为校本教材，整合几套教材，扩展教学内容，并通过课题来总结研究成果。我校实验班的学生要求掌握原版教材 *New Headway English Intermediate* 的核心词汇和语法及课文，另外还增加听说杂志《空中英语教室》中级版及课外小说自主阅读，全年级假期作业为小说阅读。多种教材的使用给我的备课提出了更高的要求，同时也提高了我的科研能力。

同时，我根据《普通高中英语课程标准（实验）》推荐的语言知识与技能类、语言应用类和欣赏类标准，开发了英美文学欣赏、英语报刊阅读、看英剧学英语等选修课程。这些内容既推崇了经典又紧跟英语发展的潮流，的确为提升学生素养提供了可能性。继续开发和讲授选修课程并编写校本教材，是我未来教学实践的一部分。

除此之外，要大量阅读英语教学相关书籍，尤其是阅读教学方面的专著。现已开始阅读或列入计划的书籍包括《英语教学法教程》《中国英语阅读课程与教学》《阅读教学》。每年阅读三本英文小说，一方面可保持和提高英语语言能力，另一方面也可为教学和课题研究寻找素材。

要争取在英语阅读教学方面形成自己的教学特色。阅读教学的最终目的是让人学会思考，英语阅读的目的是让学生学会用英语进行思维活动。所以，在阅读教学中培养学生的思维能力，提升思维品质是我进行阅读教学的宗旨。我希望能通过自己这三年的教学实践总结，在阅读教学中培养学生的思维能力方面做一些探讨，从而形成自己的教学理念。

为师21年，有失落，有挫折，但更多的是成长和收获，希望能以此书总结自己的心路历程，为未来的发展奠定基础。为师者，为生也，愿继续做个学习者，为学生，也为自己！

2018 年 11 月